JN437909

천사의 편지

천사의 편지

노먼 J. 프리드 지음 | 신혜경 옮김

나의 아버지 데이비드 H. 프리드와

오랜 친구 그레그 사베리토에게 이 책을 바칩니다.

| 서문 |

천사들이 남기고 간 삶과 사랑에 대한 이야기

가장 달콤한 교훈은 때로 가장 쓰라리고 아픈 경험을 통해 얻어진다. 또한 아무리 고통스러운 시간을 건너고 있을지라도, 이를 애정 어린 시선으로 지켜봐 주는 이들과 함께라면 자신에 대해 많은 것들을 배울 수 있다. 나는 그렇게 믿는다. 이 책에 담긴 아이들의 삶을 곁에서 지켜보며 깨달은 것들이다.

소아 암센터에서 일하는 동안 나는 수많은 인생의 모습들을 목격

했다. 그리고 진정한 도전이 무엇인지 배웠다. 나는 삶을 위협하는 질병과 사투를 벌이는 아이들의 침대 옆에 앉아서 사랑과 희망이 넘치는 그들의 이야기에 귀 기울였다. 그리고 그들이 남기고 떠날 사람들을 도울 수 있는 방법에 대해 배웠다.

아이들은 바람처럼 떠났고, 시간은 강물처럼 흘렀다. 하지만 그들의 눈빛만은 아직도 기억에 생생하다. 아이들의 두 눈은 언제나 희망과 감사의 마음으로 반짝였으며 내가 알아야 할 것들을 소리 없이 일러 주었다.

이 책을 통해 만나게 될 아이들은 당신에게도 어김없이 '삶을 위한 교훈'을 나누어 줄 것이다. 당신이 이 소중한 교훈을 가슴 깊이 새길 수 있기를 소망한다.

심리치료사자 상담사인 까닭에 나는 항상 삶의 역설과 마주하게 된다. 어느 날 갑자기 아무런 경고도 없이 전혀 다른 세상의 삶에 발을 들여놓게 되는 것이다. 단지 전화벨이 울렸거나, 의사가 문을 열고 들어왔거나, 신문을 들여다보고 있었을 뿐인데 말이다. 그 순간 우리는 더 이상 몇 초 전에 존재했던 그 사람이 아님을 깨닫는다. 그리고 긴 방황을 시작한다.

사랑하는 사람을 잃고 슬픔에 잠긴 이들에게서, 나는 죽음 이후의 삶에 대해 배웠다. 가족과 친구, 연인을 떠나보내면 우리는 절규한다. 그리고 가슴을 치며 죽음이 피할 수 없는 운명임을 탓한다. 또한 부질없다는 것을 알면서도 신의 자비를 구한다. 이제 '희망'이나 '믿음'과 같은 말은 낯설게만 느껴진다. 오직 고통만이 뼛속 깊이 스며든다.

그러다 문득, 자신이 시간의 흐름을 인식하지 못하고 있음을 깨닫는다. 주변의 사람들은 저마다 자기만의 삶을 영위해 나간다. 사랑하는 사람과 친구들도 모두가 변화와 성장을 거듭한다. 하지만 우리의 삶은 그대로 멈춰 버린다. 추억과 상실감 속에 갇혀 버린다.

뿐만 아니라 나이 들어 가는 과정조차 우리를 비껴감을 깨닫는다. 생일이나 기념일과 같은 모든 중요한 날들이 예전의 의미를 잃어버린다. 그저 하루하루를 견뎌낼 뿐 더 이상의 미래는 존재하지 않는다.

우리는 남성과 여성이 각기 다른 방식으로 슬픔을 표현한다는 사실을 인식한다. 여성들은 완전히 슬픔 속으로 녹아든다. 슬픔이 곧 자신이 되는 것이다. 고통에 온몸을 내맡기며 자기 앞에 펼쳐진 새로운 길에 적응한다. 갑작스런 사고로 다리에 장애를 입은 사람이 더 이상 걸을 수 없다는 사실을 받아들여야 하듯, 한 걸음 앞으로 나아가기 위해서는 지극히 낯선 일들을 해야 함을 배운다.

이와는 반대로 남성들은 살아남기 위해 반드시 제 역할을 해내야 한다고 믿는다. 남성들은 대부분 슬픔으로 인해 파괴되고 무너져 다시는 예전의 자신으로 돌아갈 수 없을까 봐 두려워한다. 그리해 일터로 돌아간다. 또한 공과금을 지불하고 자동차에 기름을 넣는 것과 같은 일상의 일들을 처리해 나간다. 하지만 진정으로 존재하는 것은 아니다. 언제나 무언가를 행동에 옮기고 있지만, 점점 더 공허해질 뿐이다.

사랑하는 사람을 떠나보내고 슬픔에 잠긴 사람들에게 친구들은 희망 어린 이야기를 던진다. 그들은 말한다. "그 사람, 지금 더 좋은 곳에 있을 거야." 그들은 미소를 지으며 단언한다. "신께서는 우리가 견딜 수 있을 만큼만 고통을 주셔." 하지만 우리는 안다. 이러한 격려의 말들이 고통을 덜어내는 데 아무런 도움도 되지 못한다는 사실을. 가슴이 무너져 내린 사람들에게 이것은 그저 공허한 울림에 지나지 않을 뿐이다.

무의미한 미사여구로 가득한 이 말들은 듣는 이보다 얘기하는 이의 영혼을 달래는 데 더 어울린다. 물론 다친 곳에 진통제나 약을 바르듯이, 조만간 상처가 치유되길 빌며 이러한 말들을 받아들일 수도 있다. 하지만 다 부질없는 짓이다. 슬픔에는 이러한 치료가 아무런 소용이 없다. 말로는, 무너져 내리고 절망에 빠진 영혼을 결코 달랠 수 없기 때문이다.

그러면 어떻게 상실의 고통을 이겨낼까? 어떻게 비극과 질병, 고통을 이해할까? 그리고 죽음이라는 피할 수 없는 운명을 지닌 인생길에서 과연 어떤 교훈을 얻을 수 있을까?

종교 지도자들은 신에 대해 얘기하고 그분의 재림을 기다린다. 아픈 자녀를 둔 어머니들은 산산이 부서진 꿈에 대해 얘기한다. 그들은 치유를 위해 기도하고, 악몽이 끝나기를 기다린다. 아이들은 이별과 슬픔에 대해 얘기한다. 그리고 사랑하는 사람과 함께 집으로 돌아갈 날을 하염없이 기다린다.

이 책은 그러한 질문에 대한 답을 얻기 위해 쏟아부은 나의 노력이다. 뉴욕에 자리 잡은 소아 암센터에서 일했던 15년간 내가 깨달은 가장 소중한 교훈이다. 또한 저마다 생의 끝자락에서 암과의 사투를 벌이는 동안, 내가 알게 되고 사랑하게 된 아이들에게 보내는 슬픔 어린 편지다. 그 안에 하루하루를 열심히 살아냈던 영웅들과 스승들의 모습이 고스란히 담겨 있다. 편지 끝부분의 추신에는 아이들이 세상을 떠나가며 우리에게 전해 준 삶의 교훈들을 기록했다. 이름을 제외한 이 책 속의 모든 내용은 사실이다.

죽음은 결코 이야기의 끝이 아니다. 적어도 이 책에서는 그렇다. 죽음 뒤에 일어나는 모든 일들은 온전히 우리의 몫으로 남는다.

"천국이 우리를 기다리고 있을까? 신의 따뜻하고 신비로운 빛이 우리를 맞아 줄까? 오래전에 세상을 떠난 사랑하는 이가 두 팔 벌려 반겨 줄까? 숨이 멎고 모든 생물학적 기능이 정지되면 그저 한 줌의

흙으로 돌아가는 것일까?"

이러한 질문에 대한 답을 아는 이는 없다. 죽음 뒤에서 우리를 기다리고 있는 것이 어둠인지, 신인지, 혹은 다른 어떤 것인지, 우리는 모른다. 그렇지만 죽음 뒤에도 남은 가족과 친구, 사랑하는 이들은 살아가야 한다. 그것만은 분명하다.

하지만 과연 어떻게 말인가? 나는 이 질문에 대한 답을 얻기 위해 애썼다. 그리고 내가 얻은 답을 이 책에 담았다.

시와 은유, 이야기를 통해 아이들은 내게 자신의 비밀과 두려움, 죽음에 대한 인식을 드러냈다. 우정과 기도를 통해 그들은 내게 사랑하는 이와 작별하는 방법을 가르쳐 주었다. 죽어 가는 아이들은 은유와 상징을 빌어 말한다고 한다. 나는 정말 그렇다고 믿는다. 생의 끝자락에서 비로소 드러난 상징과 소망들은 죽음에 생기를, 그리고 삶에 가치를 불어넣는 까닭이다.

The Angel Letters

Contents

내 울부짖은들 천사의 열에서 누가 들어 줄까? 한 천사가 문득 온 가슴으로 나를 안아준다 해도 그 압도적인 존재로 인해 나는 스러지고 말 것을. 아름다움이란 우리들이 가까스로 견뎌내는 두려움의 시작일 뿐이므로.

| 라이너 마리아 릴케, 〈두이노의 비가〉 중에서 |

가족에 대한 교훈

절망하지 마라. 이미 다 끝나 버린 듯해도 결국은 또 새로운 힘이 생겨날 것이다. 설혹 절망하지 않을 수 없는 상황에 있다 해도 그래도 절망은 하지 마라. 최후에 모든 것이 정말로 끝났을 때는 절망할 여유도 없지 않겠는가.

| F. 카프카 |

엘리베이터 여행을 떠난 루디에게

우리는 소아 집중치료실에서 처음 만났다. 당시 너는 심한 통증에 시달리고 있었다. 체온이 40도를 넘어 냉찜질용 매트를 깔고 있으면서도 몸을 따뜻하게 해 줄 담요를 좀 달라고 애원했다. 물론 절대 안 될 말이었다. 담요를 덮으면 냉찜질이 아무런 효과가 없기 때문이었다.

나는 너를 편안하게 해 주려고 애썼다. 조금이라도 추위를 덜 느끼고 얼른 잠들도록, 할 수 있는 모든 것을 다했다. 덜덜 떨고 있는 네게 온갖 뜨거운 것들에 대한 얘기를 했다. 증기 기관, 보일러실, 김이 모락모락 나는 수프, 목덜미를 벌겋게 태우고 온몸을 따뜻하게 만들어 주는 햇살까지.

문득, 네가 말했다.

"멈추지 말고 계속 얘기해 주세요."

그 순간 난 깨달았다. 네가 내 손을 잡았음을. 그리고 우리가 친구가 되었음을.

그러고 나서 몇 주 동안 병원에서 네 모습을 볼 수 없었다. 건강을 많이 회복해 열두 살 소년의 모습을 되찾고, 두 명의 여동생과 한 명의 형이 기다리고 있는 따뜻한 집으로 돌아갔기 때문이다.

그곳에서 너는 무척 바쁜 날들을 보냈다. 결승전에 진출하기 위해 열심히 싸우는 야구팀을 응원했고, 온 가족이 함께 디즈니랜드로 놀러 가기도 했다. 신나게 춤도 췄고, 아버지가 자원봉사하는 소방서에서 친구들과 장난을 치기도 했다. 또한 카드게임을 하면서 슬쩍 속임수를 쓰려는 형에게 잔뜩 눈을 흘기는 날도 있었다.

너는 해양 소년단원이었고, 어린이 소방대원이었으며, 경찰을 위해 일하는 명예 사설탐정이었고, 농구선수였다. 그리고 어린이 암센터의 왕자였다. 너는 왕이 되어야 마땅하다고 입버릇처럼 얘기했다.

그러다 얼마 뒤, 너의 백혈병이 재발했다는 소식을 부모님이 전해 왔다. 이제는 화학치료뿐만 아니라 골수이식까지 필요한 상황이었다. 꼭 맞는 골수를 찾는 작업과 치료가 시작되었다. 그리고 너는 다시 집중치료실에 입원했다. 너는 고열을 동반하는 감염과 폐렴으로 인해 심하게 몸을 떨었다.

어느 날 내가 찾아갔을 때, 넌 약도 듣지 않는 심한 두통 때문에 괴로워하고 있었다. 나는 침대에 누운 채로 엘리베이터 여행을 떠나자고 했다. 10층짜리 건물 꼭대기에서 엘리베이터를 타고, 좀더 편안하고 수월하게 숨 쉴 수 있는 1층으로 내려가는 상상 속 여행이었다.

너는 따뜻하고 안전한 곳에 있는 모습을 마음속에 그렸다. 그러자 점점 고통이 줄어들었다. 6층을 지나갈 무렵에는 살포시 잠에 빠져들 수 있었다.

날마다 우리는 다른 종류의 엘리베이터 여행을 떠났다. 갈증이 나지만 치료 때문에 물을 마실 수 없는 날도 있었다. 너는 어떤 날은 무척 더워했고, 어떤 날은 무척 추워했다.

하루에 몇 번씩 여행을 떠나기도 했다. 너의 상태를 확인하고 체온을 재기 위해 간호사가 찾으면, 중간에 엘리베이터에서 내려야 했기 때문이다. 그러면 너는 엘리베이터를 처음부터 다시 타야 한다고 우겼다. 다시 10층에서 한 층씩 아래로 내려와야 한다고 말이다. 새로운 곳으로 여행을 떠날 때마다 너는 점점 더 편안하고, 고요하며, 평화로운 상태에 빠져들었다.

수요일 아침이면 형 빌리와 함께 사무실에서 포커를 쳤다. 너의 건강상태에 대한 이야기는 거의 나누지 않았다. 대화가 너무 무거운 주제로 흘러가도록 형이 그냥 놔두지 않았기 때문이다. 형은 네가 죽을 수도 있다는 사실을 쉽게 인정하지 못했다. 그래서 우리는 그저 포커를 치고, 농담을 하며 행복했던 날들을 회상했다.

포커를 칠 때면 항상 빌리가 나를 이겼다. 하지만 병실로 자리를 옮겨서 함께 치기 시작하면 어림없는 일이었다. 나의 안내자며 보호자인 네가, 형이 속임수를 쓰려고 할 때마다 슬쩍 신호를 보내 주었기 때문이다.

형이 첫 영성체를 받은 날 밤, 너는 너무 아파서 가족들과 함께 성당에 갈 수 없었다. 그래서 아주 조촐한 파티를 열기로 했다. 우리는 함께 영화를 보고, 포커를 두어 판 쳤다. 밤이 깊어 퇴근시간이 가까워지자, 너는 엘리베이터를 한 번만 타고 나서 가 달라고 부탁했다. 그래서 나는 그렇게 했다. 다음 날도, 그다음 날도 그렇게 했다. 환한 미소와 따뜻한 눈빛으로 너는 언제나 주변 사람들에게 꼭 필요한 존재라는 믿음을 심어 줬다.

얼마 뒤에 담당의사로부터 폐렴이 점점 악화되고 있다는 얘기를 들었다. 예정되었던 기관지경 검사도 취소되었다. 이미 염증이 폐 전체로 퍼져 손쓰기 힘든 상태였기 때문이다. 네가 앞으로 얼마나 살 수 있는지 어머니가 물었다. 그리고 아주 간단한 대답이 이어졌다.

"일주일입니다."

부모님은 네가 집에서 마지막 날을 보낼 수 있도록 퇴원하겠다는 결정을 내렸다. 갑작스러운 고통 앞에서 그들은 몸부림쳤다. 아버지는 가슴이 찢어지는 고통을 주체하지 못해, 내 사무실 바닥에 주저앉아 가쁜 숨을 몰아쉬며 온몸을 떨었다. 그분을 위로할 수 있는 유일한 방법은 네가 아직 살아 있고, 그 누구보다 아버지를 필요로 한다는 사실을 상기시키는 것뿐이었다.

다음 날 아침, 의사들이 퇴원 준비를 도왔다. 통증 완화와 정서적인 안정을 위해 호스피스도 집까지 동행하기로 했다. 타고 갈 응급차가 도착했을 때, 나는 문자 하나를 받았다.

"루디가 지금 퇴원합니다."

나는 응급실 출입문 근처 헬리콥터 착륙장에서 가족들을 만났다. 그리고 날마다 너를 찾아가 엘리베이터 여행을 하겠다고 약속했다. 너는 이동식 침대를 타고 밖으로 나왔고, 부모님이 뒤를 따랐다.

"안녕, 친구, 이제 집에 가는구나. 내가 놀러 가도 될까?"

"그럼요."

"같이 포커도 치고?"

"네."

"살짝 져 주기도 할거지?"

"아니요."

부모님은 이 모든 일을 네 여동생들과 형에게 얘기하기로 결심했다. 하지만 열 살인 여동생 트레이시는 한마디도 믿으려고 하지 않았다.

"모두들 울지 말란 말이야. 루디 오빠는 절대 죽지 않을 거야, 알겠지?"

아버지는 트레이시의 말에 반박하지 않고 조용히 앉아 있기만 했다. 그분은 날마다 인내심을 가지고 귀 기울였고 지켜봤다. 그러자 트레이시의 마음에도 천천히 희망과 진실이 자리 잡았다.

어머니가 사랑스런 손길로 너를 돌볼 때면, 트레이시는 괜히 이것저것 묻곤 했다.

"엄마, '왕자'라는 단어 어떻게 써? 엄마 미워! 저 선생님은 왜 여기 와 있는 거야? 내 얘기를 들어주는 사람은 하나도 없잖아!"

"트레이시, 지금은 안 되겠다. 적당한 때가 아니구나."

하지만 트레이시도 네 옆에 있고 싶어 했다. 온 마음으로 너를 돕고 싶어 했다. 그래서 나는 엘리베이터 여행을 할 때 도와 달라고 청했다. 동생은 귀 기울여 잘 배웠다. 희망을 품고 모든 과정을 기억했다.

우리가 엘리베이터 여행을 시작해 조심스럽게 1층에 도착할 때쯤이면 동생을 뺀 모든 사람이 잠들어 있었다. 동생은 모든 말에 귀 기울였고 눈여겨보았으며 진심으로 여행에 동행했다. 그러고 나서는 폐에 차오른 마른 피를 뱉어내는 일을 도왔다. 네가 가장 편안한 자세를 찾는 동안에는 곁에 앉아 가만히 기다렸다. 너는 동생이 그곳에 머무는 것을, 그리고 너에게 꼭 필요한 존재가 되는 것을 허락했다.

아버지는 주로 현관 밖에 앉아 있었다. 20~30명의 친구들과 가족들이 곁에서 함께 담배를 피우고, 웃고, 슬퍼했다.

루디, 사람들은 너를 참 좋아했다. 그리고 그곳이 바로 너의 세상이었다. 형이기도 하고 선생님이기도 했던 자원봉사 소방관들, 함께 놀아 주고 언제나 네 편이 되어 주는 친척들, 그리고 네가 무척이나 좋아하는 유명한 운동선수들이 바로 그곳에 있었다. 그곳에는 사랑과 웃음, 꿈이 넘쳐흘렀다. 부족한 것은 오직 하나, 시간이었다.

아버지와 함께 현관 앞 계단에 나란히 앉았다. 그분이 천천히 인생에 대한 이야기를 시작했다. 나는 그저 가만히 귀 기울였다. 때로는 괜한 말을 보태거나 질문을 던지는 것보다 그편이 훨씬 나은 법이다. 아버지는 자신이 하고 싶은 이야기가 무언지 정확히 알고 있었으니까. 필요한 것은 누군가 기다려 주고 귀담아 들어주는 것뿐이었으니까.

그분이 내게 말했다. 네 생명을 구하지 못한 의사들에게 몹시 화가 난다고. 하지만 여전히 그들을 좋아하고 감사한다고. 의사들이 지나치며 네 눈을 피하는 것을 보고 더 이상 손쓸 수 없는 상태에 이르렀음을 깨달았다는 말도 했다.

그리고 복도 끝 병실에 입원해 있던 거식증 소녀들을 보면 더 화가 나기도 했다고 털어놓았다. 너는 살기 위해 몸부림치는데, 단지 먹지 않아 천천히 죽어 가는 그들의 모습을 지켜보기가 너무 힘들었다고 했다. 네가 무척 좋아했던 자선기금마련 행사, 놀이방 교사, 좋아하고 싫어했던 간호사들에 대한 이야기도 했다. 병원으로 돌아가면 너를 위해 애써 준 모든 분들에게 고마움의 인사를 전해 달라고도 했다.

그러고는 한 명 한 명에게 각기 다른 감사의 인사를 남겼다. 내게도 1시간 동안이나 감사의 마음을 전했다. 아버지는 서른일곱 해를 살아오는 동안 누군가에게 이렇게 많은 얘기를 한 것은 처음이라고 했다. 네가 겪어낸 그 모든 일들이 아버지의 마음을 열어 준 것이었다.

루디, 다음 날에도 친구들이 모두 다시 찾아왔다. 사랑의 마음을 전하기 위해 수십 명의 사람들이 네 침실 앞에 모여 있었다. 어머니가 한 사람씩 침대 옆으로 안내했다. 슬픔에 잠긴 친구들은 두렵고 떨리는 마음으로 너와 악수를 나누었다. 너는 그들 모두에게 환한 미소를 지었다.

"안녕, 마이크. 와 줘서 고마워."

"좀 어때, 루디?"

"괜찮아. 그냥 좀 피곤할 뿐이야."

친구 코너는 불쑥 상자 하나를 내밀었다. 그 애는 약해지고 여윈 네 모습을 보게 될까 봐 많이 걱정하고 있었다.

"나 주는 거야, 코너?"

상자 안에는 축구공이 들어 있었다. 네가 천천히 공을 꺼내며 미소 지었다.

"회복되면 또 한판 붙자는 거지? 좋아, 코를 납작하게 해 줄게."

"그래, 루디. 회복되면 한판 붙는 거야."

상자 안에는 편지도 함께 있었다. 도로시 이모가 꺼내서 읽어 주었다.

루디에게

네가 많이 아프다는 걸 알아. 그래서 꼭 한 가지 묻고 싶은 게 있어. 세상을 떠나면, 내 수호천사가 되어 줄 수 있니? 네가 너무 그리울 거야. 네가 죽는 순간 나의 일부도 함께 죽을 거야. 너를 만나고, 너와 친구로 지낼 수 있었던 모든 시간이 내게는 큰 축복이었어. 네가 먼저 세상을 떠나더라도 우리 언젠가는 꼭 다시 만나게 될 거야. 만일 회복되지 못하면, 우리 천국에서 한판 붙자.

너의 좋은 친구, 코너가

그리고 사람들의 방문이 계속 이어졌다. 친구들과 친척들은 먼저 문틈으로 살짝 네 상태를 살폈다. 들어가도 좋을지를 판단하기 위해서였다. 그냥 곤히 잠든 모습을 지켜보거나 새근거리는 숨소리에 귀 기울이는 사람도 있었다. 날이 갈수록 너의 숨소리는 힘겹고 거칠어졌다. 너는 숨을 쉬기 위한 사투를 벌였다.

삼촌이 외쳤다.

"뱉어내, 어서. 모두 뱉어내 버려!"

그분의 열정과 너의 용기로 폐에 찬 피를 결국 모두 뱉어낼 수 있었다. 그러자 한동안 숨 쉬기가 훨씬 수월해진 것 같았다.

그날 일찍, 너는 소방차를 탔다. 나팔소리가 나는 종을 울리면서 운전하는 분에게 할머니 댁 앞에 세워 달라고 부탁했다. 삼촌에게는 어머니에게 선물할 꽃다발을 사 달라고 부탁했다. 그리고 특별한 당부도 잊지 않았다.

"꽃다발 안에 분홍색 장미 두 송이를 꼭 넣어 주세요."

분홍색 장미는 어머니가 제일 좋아하는 꽃이었다.

간호사에게는 생크림 파이를 좀 사다 달라고 부탁했다. 형 생일을 축하하기 위해서였다. 진짜 생일은 열흘 뒤였지만 기다릴 수 없다고 했다. 너는 가능한 빨리 형 얼굴에 그 파이를 던지고 싶어 했다. 그날 밤, 형은 즐거운 장난을 위해 기꺼이 얼굴을 너에게 바짝 갖다 댔다. 어머니도 옆에 서서 도왔다. 우리는 사진을 찍으며 그 순간을 축하했다.

그리고 너는 커다란 안락의자에 앉아서 우리가 함께 야구게임을 할 수 있을지 물었다.

"물론이지, 루디."

나는 상상 속의 운동장을 만들고 너를 당장 투수 마운드에 세웠다.

하지만 너는 진짜 경기를 하고 싶다고 했다. 가족들이 너를 위해 비디오게임을 찾는 동안 내가 속삭였다.

"루디, 야구공 어디다 두니?"

책상 밑 상자 안에 좋아하는 야구선수가 사인한 공이 있을 거라고 했다. 공을 찾은 뒤에 보호용 케이스에서 꺼내 네 오른손에 쥐어 주었다.

"좋아, 루디. 시작해 보자고!"

나의 고함에 놀란 어머니가 위층으로 달려왔다. 그리고는 나가서 글러브를 가지고 다시 돌아왔다. 너는 빌리 형에게 우익수를, 짐 삼촌에게 유격수를, 그리고 도로시 이모에게 일루수를 맡겼다. 아버지는 코치, 마리아 간호사는 포수, 그리고 방 뒤쪽에 있는 신부님은 중견수였다. 너는 마운드에 있었다, 루디. 그곳에서 완승을 거둘 준비를 마쳤다.

네가 여윈 오른손을 들었다. 그리고 온 힘을 모아 공을 던졌다.

"스트라이크 원!"

공이 마리아 간호사의 손 안으로 빨려 들어간 순간, 내가 외쳤다.

"스트라이크 투! 자, 루디. 너는 할 수 있어. 내 코를 납작하게 만들어 보라고, 친구. 다시 한번 완벽한 투구를 보여 줘."

그리고 너무 지쳐 마리아의 글러브 안으로 던지려던 공이 그만 네 무릎 위로 툭 떨어져 버렸다. 우리는 그때 한목소리로 파울볼을 외쳤다. 그런 식으로 거의 30분 동안이나 게임이 계속되었다. 네가 녹초가 되어 의자에 앉은 채로 살포시 잠이 들자, 우리는 이제 그만 게임을 접어야 한다고 생각했다. 그런데 문득 깨어난 네가 마리아를 향해 천천히 손을 뻗으며 말했다.

"더 해요. 이리로 공을 주세요. 아직 끝나려면 멀었는걸요."

우리는 네 덕분에 무척 행복했다. 그리고 우리는 너의 작은 움직임 하나에도 아낌없는 격려와 박수를 보냈다. 침실 밖에 서 있던 20명이 넘는 가족과 친구들은 우리의 웃음과 함성, 갈채에 귀를 기울였다.

피곤함이 밀려오자, 너는 혼자 힘으로 침대까지 걸어갔다. 그리고 나는 네가 잠들 때까지 엘리베이터 여행을 함께했다. 나는 어둠이 내려앉은 방 안, 네 침대맡에 앉았다. 너는 짐 삼촌의 넉넉한 품 안에 가만히 누워 있었다. 상상 속의 엘리베이터가 천천히, 조용히 움직였다. 그러자 네 숨소리도 조금씩 편안해졌다.

엘리베이터가 1층에 도착하자, 이제 천천히 문이 열릴 것이라고 네 귀에 속삭였다. 문밖으로는 네가 제일 좋아하는 풍경이 펼쳐지고 그곳에서 너는 안전하고 따뜻할 것이라고 얘기해 주었다. 그리고 너는 혼자가 아니었다.

"짐 삼촌이 옆에 계셔. 안전하게 지켜 주실 거야."

그러고 나서 나는 방에서 나왔다. 너와 삼촌에게 편안하고 포근한 둘만의 공간을 마련해 주고 싶었기 때문이다.

두 사람만의 고요한 시간이 흘러가고 있었다. 삼촌은 내가 했던 말들을 되뇌기도 하고, 네게 안전하다고 말하기도 했다. 그분은 사랑한다고 속삭였다.

네가 누워 있는 동안, 아버지가 지하실로 나를 불렀다. 우리 둘 사이에 깊은 적막이 흘렀다. 그렇게 몇 분이 흐른 뒤, 그분이 물었다.

"루디가 왜 세상을 떠나지 않는 걸까요?"

나도 까닭을 알 수 없지만 아마도 아직 준비가 되지 않았기 때문일 것이라고 했다. 지금 최선을 다하고 있을 테지만 갑작스레 우리 곁을 떠나는 일은 없을 것이라고 안심시켰다. 그리고 정말로 너는 아직 준비가 안 된 상태였다.

몇 분 뒤에 네가 침대에서 일어서며 말했다.

"차 타러 가요."

내가 물었다.

"어디 가려고, 루디?"

"가게에 가서 달걀을 좀 사야 해요."

"그 달걀로 뭘 하려고?"

"가게에서 달걀을 사다가 담요에 잘 묻어 두고 병아리가 되는 걸 지켜보려고요."

"그렇구나."

"그래요, 그러니까 얼른 가요."

"어떤 달걀을 살까?"

"황금색 달걀을 사다가 황금색 닭이 자라는 걸 볼래요."

이 말을 듣고, 여동생 트레이시가 서둘러 부엌으로 달려갔다. 그리고 계란 두 개를 품에 안고 돌아왔다. 그 애는 수건으로 정성껏 달걀을 감쌌다.

"여기 있어, 루디 오빠. 이 안에 황금색 달걀이 들어 있어."

나는 수건에 담긴 달걀을 네 손 위에 올려놓을 수 있도록 동생을 도왔다. 너는 아주 잠깐 동안 손 안의 달걀을 지켜보았다. 그리고 천천히 깊은 잠에 빠져들었다.

나는 네 옆에 누웠다. 그리고 마지막 엘리베이터 여행을 하고 싶은지 물었다.

네가 작은 목소리로 대답했다.

"네."

"엘리베이터 벽에 붙어 있는 봉을 단단히 잡으렴, 루디. 천천히 움직이는 엘리베이터가 10층에서 출발해서 9층으로 내려갈 거야. 아주 부드럽게. 그러면 지금보다 훨씬 고요하고 편안해질 거야."

엘리베이터가 8층으로, 그리고 다시 7층으로 미끄러져 내려가는 동안, 너의 목과 어깨 근육들을 주의 깊게 살폈다. 호흡은 얕고 부드러웠다. 더 이상 거칠지도, 힘겹지도 않았다. 여행이 계속되는 동안 너의 위와 다리, 발가락의 근육들이 더 묵직하고 따뜻하며, 편안하게 느껴질 것이리고 속삭였다. 그리고 마침내 1층에 도착하자 문이 천천히 열리고 있다고 말했다. 천천히, 아주 천천히.

너는 침대에 누운 채 나를 향해 고개를 돌렸다. 태양을 향하는 한 송이 꽃처럼 나의 목소리를 따라왔다. 서서히, 조금씩 너의 얼굴이 내 목소리가 들리는 방향으로 향했다.

"도착했어, 루디. 이제 완전히 다 나았어. 얼마나 따뜻하고 평화로운지 느껴 보렴."

아무 말 없이, 네가 가만히 오른손을 들어 올렸다. 그리고 어둠 속의 문을 향해 손을 뻗었다.

"계속하렴. 그 문을 찾아, 루디. 너는 이제 안전해. 그리고 사랑해."

네가 문 앞에 도착했을 때, 아버지는 침대 발치에 놓인 안락의자에 곤히 잠들어 있었다. 아버지가 작게 코 고는 소리를 들으며 너는 어둠 속의 문을 향해 한 걸음씩 다가갔다.

몇 시간 뒤에 네가 세상을 떠났다는 소식을 들었다. 부모님이 지켜보는 가운데, 더구나 의자에 앉아서 눈을 감았다는 얘기를 듣고 마음이 놓였다. 라디오에서 네가 제일 좋아하는 노래가 흘러나올 때, 마지막 숨을 내쉬었다고 했다. 마침내 그 문을 찾은 것이었다.

그 뒤의 이야기는 네가 모를 수도 있겠다. 아니, 어쩌면 알고 있을 것이다. 수많은 친구와 친척들이 네게 작별을 건네는 동안 300여 명의 경찰관과 자원봉사 소방관들이 부모님 곁을 지켰다.

아버지는 나에게 사람들이 모두 인사를 마치고 네가 누운 관의 뚜껑을 닫을 때까지 옆에 있어 달라고 청했다. 그분은 내가 너에게서 무언가 배웠기를 바랐다. 아마도 아이를 잃은 부모의 상실감이 얼마나 큰지 남들에게 알려 주기를 빌었던 것 같다.

그분들이 너와 어떤 것들을 함께 묻어 주기로 했는지 살펴보았다. 여동생과 형의 편지, 친구들이 쓴 시, 가족 사진, 야구 글러브, 게임기, 낚싯대가 천국까지 함께 갈 보물들로 선택되었다. 가족들은 가장 소중한 것들을 모두 네 곁에 모아 두었다. 어느 것 하나도 부족함이 없도록 하기 위해서였다. 마지막으로 아버지가 빳빳한 지폐 한 장을 네 손가락 사이에 끼웠다. 용돈이었다.

아버지는 마지막으로 엘리베이터 여행을 한 번 떠나 달라고 부탁했다.

“그것이 아들 녀석을 차분하게 만들 수 있는 유일한 길이었어요. 그리고 항상 선생님께서 저보다 그 방법을 잘 알고 계신 것 같았습니다. 녀석에게 한 번 더 엘리베이터를 태워 주셨으면 합니다. 땅속에 묻히는 것을 겁내지 않을 수 있도록 말입니다.”

경건한 분위기 속에서 수많은 친구와 친척들에게 둘러싸인 채, 나는 다시 한번 너와 함께 여행을 떠났다. 그리고 1층에 도착할 때까지 한 층 한 층 천천히 내려갔다. 나는 네게 말했다. 이제 천천히, 아주 천천히 엘리베이터 문이 열릴 것이라고. 그러면 무척 아름답고 따뜻하며 안전한 곳에 도착하게 될 것이라고. 앞으로도 영원히 포근함과 기쁨, 사랑이 너와 함께할 것이라고.

너를 땅에 묻고 나서 모두 함께 소방서로 갔다. 그리고 그곳에서 서로의 슬픔을 나누고, 너의 인생을 기리고, 너를 추억했다. 나이 지긋한 소방서 친구들은 모두 ‘루디에게 경의를’이라고 새겨진 빨강색 모자를 쓰고 있었다. 어머니가 네 모습이 담긴 비디오를 틀자, 모두 너를 위해 건배했다. 비디오 속에서 백혈병 진단을 받기 직전의 네가 흥겹게 춤을 추고 있었다. 불과 9개월 전의 모습이었다.

기억을 지울 수 있는 약이 있는지 아버지가 물었다. 지난날 너와 함께 나눴던 기쁨 때문에 지금 가슴이 너무 아파 견딜 수 없다고 했다. 그래서 모두 잊고만 싶다고 했다. 이 세상에 그런 약은 없다고 대답했다. 그리고 아버지의 손을 꼭 잡고 말했다. 아주 큰 고통을 가져다주는 그 추억들이 언젠가는 가장 큰 위안이 될 것이라고.

추신

죽음을 통해, 남은 가족들은 어떤 교훈을 배울까? 그리고 우리는 어떻게 사랑하는 사람이 세상을 떠난 뒤에도 가족으로서 관계를 계속 유지할 수 있을까?

가장 먼저, 죽음은 가족 구성원 각자에게 뿐만 아니라 가족 구조 전체에 걸쳐 변화를 가져온다. 성서 구절을 개개인의 상황에 적용시켜 해석한 《미드라시》에는 "각각의 삶 속에서 세상은 새로이 시작된다"는 말이 나온다. 이와 마찬가지로 각각의 죽음 속에서 가족 내면의 세상이 새로이 시작되는 것인지도 모른다.

두 번째로, 어른과 아이는 사별로 인한 슬픔을 인식하는 방식이 서로 다르다. '정상적인' 생활로 돌아가려는 의지 또한 나이와 인생경험에 따라 다양하다. 특히 부모의 입장에서 사별의 슬픔을 경험할 때 정체성에 큰 변화를 겪는다. 부모로서의 역할이 영구적으로 바뀌게 되는 까닭이다.

하지만 아이들에게는 그것이 전부가 아니다. 신비한 생각에 빠져들고, 일상의 틀이 깨지며, 버려질지도 모른다는 두려움에 사로잡히게 되는 것이다. 사별의 슬픔에 잠긴 부모는 감정적으로 아이에게 소홀해질 수 있다. 더욱이 가정에 질서를 제공하던 규칙들이 한순간에 바뀔 수도 있다. 저녁을 먹고 숙제를 하는 평범한 일상을 완전히 잊는 것이다.

사별의 아픔을 겪고 있는 가족은 저마다 해결책을 찾는다. 그들 사이에는 '고통을 잊고', '앞으로 나아가고', '과거를 되찾고', 경우에 따라서는 '그만 삶을 접고 싶다'는 비밀스런 바람이 퍼진다.

어른으로서 아이를 보호해야 하는 정체성이 산산이 부서지고 만다. 험한 세상으로부터 지켜 주겠다던 약속이 허무하게 깨지는 것이다. 우리는 살아남았다는 죄의식과 치열한 싸움을 벌인다. 아이를 살리기 위해 최선을 다하지 않았을지도 모른다는 생각에 두려움이 밀려온다. 과연 내 곁에 있는 자녀에게 옳은 결정을 내려 주고 있는 것인지, 확신이 들지 않는다. 자신이 가족을 지키고 있다는 믿음이 크게 흔들린다. 그리고 종종 미래에 대한 확신까지 잃어버리고 만다.

어머니들은 자신의 감정이 잠시 '묶여' 있었음을 깨닫는다. 감정은 잘못된 확신을 낳고, 이로 인해 우리가 미래를 조절하거나 뜻하는 방향으로 이끄는 것이 가능하다고 믿게 하기 때문이다.

아버지들은 그동안 겪은 정신적인 충격을 이겨내기 위해 사랑하는 사람을 떠나보낸 뒤 일어난 일련의 사건들을 곰곰이 되새겨 볼지도 모른다. 이렇듯 추억과 사건들을 억지로 떠올리는 것은 떠나보낸 사람과의 끈을 놓치지 않으려는, 또한 잃어버린 힘을 다시 얻고자 하는 바람의 표현이다.

이와는 달리 아이들은 슬픔으로 인해 행동이 변한다. 학교생활에서 어려움을 겪고, 식욕부진과 수면장애를 겪으며 사람들을 사귀는 데 과민해지거나 소홀해진다. 사춘기인 경우엔 가족 이외의 사람과 대화를 나누는 것을 훨씬 더 편안하게 느끼게 된다. 부모님이 무너지거나 고통을 견뎌내지 못할까 두렵기 때문이다. 그래서 또래 친구들과 더 많은 시간을 보내기도 한다. 어른이 눈물로 드러내는 감정을 이들은 다른 방식으로 표현한다. 늦은 밤까지 컴퓨터로 대화를 나누고, 밤새 데이트를 즐기거나, 귀가 시간을 어기는 일들이 바로 그것이다.

아이들은 형제자매와 노인들의 죽음에 차이가 있다는 것을 깨닫게 된다. 다음은 한 어린 환자의 얘기다.

"자매를 잃는 것은 미래를 잃는 것과 같아요. 그 애가 없는 미래의 삶은 상상하기조차 힘들어요. 하지만 할머니를 잃는다는 것은 과거를 잃어버리는 것과 같아요. 할머니는 떠났지만 추억과 사진, 물건들은 여전히 곁에 남아 있어요. 저에게는 할머니 무덤에 흙을 뿌리는 것이 조금은 덜 힘겨웠어요. 그리고 털고 일어날 수 있었고요.

제 여동생의 무덤에 흙을 뿌려 주는 사람은 아무도 없었어요. 사람들이 땅속으로 관을 내렸어요. 그러고는 모두 그냥 서 있기만 했지요. 할머니의 죽음은 아직 그다지 실감이 나지 않아요. 그러니까 제 말은 동생 에리카의 죽음에 비할 수 없다는 거예요."

우리는 가족 전체의 구조와 '본바탕'이 영원히 바뀌어 버렸음을 깨닫는다. 다시는 가족이 완전해질 수 없다고 느낄지도 모른다. 가족을 잃고 슬픔에 잠긴 이가 털어놓았듯이.

"여행도 더 이상 예전 같지 않습니다. 넷이 아니라 셋이서 여행을 한다는 사실이 아직도 충격으로 다가옵니다. 그리고 여행을 하다 만난 사람들을 붙잡고 얘기하고 싶어 견딜 수 없습니다. 당신은 우리 가족 모두를 만나지 못했다고 말입니다.

예전보다 작아진 짐 가방을 보고도 가슴이 찢어질 듯 아파 옵니다. 그리고 하루에도 몇 번씩 혼자 중얼거립니다. '아, 이거 보면 마이클이 무지 좋아하겠다. 기념품으로 좀 사다 줘야겠어'라거나 '얼른 돌아가서 마이클한테 이 얘기를 들려줘야 하는데'라고 말입니다."

가족 모두가 전보다 훨씬 더 상처받고, 슬퍼하고, 고독하기 쉽다는 사실을 발견하게 된다. 다른 가족들은 모두 잘 지내고 있는 것처럼 보인다. 다른 사람들의 '완벽한 인생'을 보는 것만으로도 인생의 중심에서 밀려난 것처럼 느껴진다. 야구연습도, 기념일을 위한 저녁도, 심지어 뒷마당에서 즐겨 하던 바비큐파티조차도 때로 부자연스럽고 괴롭기만 하다.

살아남은 아이가 세상을 떠난 아이와 성별이 다른 경우, 어머니와 딸, 아버지와 아들의 관계에 새로운 힘이 개입될 수도 있다. 세상을 떠난 자녀가 가족 간의 긴장 상황에서 완충역할을 했을지도 모른다. 어떤 이는 이에 대해 이렇게 표현했다.

"딸아이와 남편이 한편이 되어 사사건건 내게 반기를 드는 것처럼 느껴집니다. 딸아이는 자꾸만 저를 밀어냅니다. 딸아이와 아들 녀석은 성별뿐만 아니라 성격도 다릅니다. 어떤 경우에도 아들 녀석은 저 때문에 당황하지 않았습니다. 저의 바보 같은 행동들도 아들 녀석은 웃음으로 받아 줬습니다. 하지만 딸아이는 훨씬 더 긴장합니다. 언제나 무언가를 숨깁니다. 여자아이라서 그런지도 모릅니다. 그렇게 이해하려 애씁니다. 하지만 이 모든 것들이 아들 녀석의 빈자리를 더욱 크게 만들 뿐입니다."

경우에 따라서는 가족 구조의 변화가 부부관계를 바꿔 버린다. 배우자로부터 소원함을 느끼거나 잠시 떨어져 서로가 슬픔을 달랠 시간을 갖기도 한다. 아내와 남편은 각자 다른 방식으로 슬퍼한다. 슬픔이 밀려올 때, 남자들은 자동차 엔진을 점검하고, 석쇠를 손보고,

은행 잔고를 확인한다. 이것이 바로 상실의 고통으로부터 살아남는 남자들의 방식이다. 동시에 사랑을 보여 주는 중요한 수단이다.

여자들은 밀려오는 슬픔에 온몸을 내맡긴다. 쉽게 상처받는 모습이 남자들의 눈에는 연약함이나 소외감으로 비춰질 수 있다. 때문에 이것이 결혼불화로 이어지기도 한다.

다음은 한 어머니의 고백이다.

"계절에 비유하자면 저는 아직 겨울을 벗어나지 못했습니다. 어쩌면 인생의 대부분을 겨울 속에서 보냈는지도 모릅니다. 아들 녀석의 고통과 죽음으로 인해 저는 가장 깊고 어두운 겨울로 떨어졌습니다. 그리고 그저 견뎌내고 있습니다. 하지만 그토록 짙은 어둠 속을 걸을 때, 제 곁에는 남편이 없는 것 같습니다. 그 사람은 제가 집에 가져간 책들을 읽지 않고, 저와 함께 상담을 받으러 가지 않습니다. 남편에게는 자기만의 친구와 일이 있습니다. 아들에 대한 고통 또한 저와 함께 나누려고 하지 않습니다."

모든 시련과 변화에도 불구하고 한 가족으로서 우리는 견뎌냈다. 그리고 뼈를 깎는 아픔을 통해 마침내 개인과 가족 모두가 진정으로 성장했음을 깨닫는다. 각자 다양한 모습의 슬픔을 경험했다 하더라도 부모로서, 그리고 자녀로서 우리는 가족의 의미를 다시 정의하기 시작한다.

우리는 인생이 얼마나 부서지기 쉬운 것인지를 함께 목격했다. 그리고 서로의 존재를 훨씬 더 진지하게 여기게 되었다. 우리는 힘주어 말한다. 우리 가족은 '이겨낼 수 있다'고. 그리고 '앞으로 해내지 못할 것이 없다'고.

우리는 다른 사람의 고통과 아픔을 보다 잘 헤아리게 되었다. 그리고 모든 가족들이 저마다의 슬픔을 간직하고 있음을 보다 분명하게 인식한다. 사랑하는 사람을 잃는 고통을 함께 겪은 형제자매들 사이에는 '할 수 있는 모든 일을 함께했다'는 무언의 공감대가 형성된다.

천천히, 그리고 조금씩 우리는 살아갈 일들을 계획한다. 다시 기념일을 위해 요란스럽게 음식을 장만하고, 근사한 저녁을 준비하며, 우리에게 돌아온 기쁨의 순간들을 반갑게 맞이한다. 운이 좋다면 우리 가족이, 그리고 각각의 가족 구성원들이 스스로 최선을 다했다는 사실을 깨닫게 될 것이다. 그것도 가장 힘겨운 시기에 말이다.

받아들임에 대한 교훈

진정 네 이름이 기억나지 않거든, 고요한 대지를 향해 속삭여라. "나는 흘러가고 있다." 반짝이는 수면을 향해 말하라. 나는…. | 라이너 마리아 릴케 |

행복의 다리를 건넌 훌리오에게

밤이 아무리 깊어도 자신의 그림자로부터 숨을 수는 없다고 한다. 우리가 가장 두려워하는 것은 깊은 존재인 자기 안에서 싸우고 사랑하는 일이다. 이것이 바로 암을 극복하려는 고통스런 여정을 통해 네가 가르쳐 준 교훈이다.

발병과 치유, 그리고 다시 발병으로 이어지는 시련을 견뎌내면서 너는 결코 두려워하지 않았다. 다만 기도와 시를 통해 마음속에 간직한 비밀스런 힘을 드러낼 뿐이었다. 열여섯에 너는 벌써 어른이 되어 백혈병과 두 번째 전투를 벌이고 있었다. 그리고 증상이 호전되어 골수이식 수술을 다시 받기를 소망했다.

나를 처음 만난 날, 너는 시인이라고 자신을 소개했다. 건강상태에 대한 심각한 얘기를 듣는 동안에도 너는 그저 조용히 서 있었다. 너의 깊고 그윽한 두 눈이 처음부터 운명을 알았노라고 말하는 것만 같았다.

너는 대체로 조용했다. 깊고 안전한 내면에서 충분히 곱씹은 뒤에야 자신의 생각과 느낌을 나누었다. 그리고 너는 아주 뛰어난 학생이었다. 친구들이 술을 마시며 흥겹게 노는 동안에 너는 글과 그림으로 두려움을 표현하는 데 많은 시간을 보냈다.

누나가 집과 떨어진 곳에 위치한 대학에 이제 막 입학해, 너는 작은 아파트에서 할머니와 단 둘이 지내야 했다. 어머니는 매달 몇 번씩 너를 찾아왔다. 하지만 일 때문에 대부분의 시간은 서로 헤어져 있어야 했다. 그래서 진료를 받으러 올 때마다 너는 연세 지긋한 할머니와 함께였다. 그리고 점점 희미해져 가는 회복의 가능성과 약봉지를 품에 안고서 작은 아파트로 돌아갔다.

의사와 간호사들은 할머니를 '로사 할머니'라고 불렀다. 그분은 종종 갓 구운 빵이나 과자 같은 맛있는 음식들을 가져왔다. 모두들 너와 로사 할머니의 방문을 손꼽아 기다렸다. 너와 함께 나누는 달콤한 대화는 할머니가 손수 구운 빵을 더욱 맛있게 해 주었기 때문이다. 약으로도 너의 아픔을 달랠 수 없을 때마다, 할머니는 옛날부터 전해 내려온 비법을 동원해 음식을 만들었다.

네 초기치료의 대부분은 외래 진료로 이루어졌다. 하지만 병이 재발한 후로는 입원하는 경우가 잦았고, 그 기간도 길어졌다.

8월의 어느 더운 날, 나는 소아 집중치료실에 있는 너를 찾아갔다. 그날은 너의 열여섯 번째 생일이었고, 병원에서 맞이하는 두 번째 생일이기도 했다.

나는 너에게 릴케의 《젊은 시인에게 보내는 편지》를 선물했다. 나는 네가 속내를 잘 드러내지 않는다는 사실을 알았다. 그래서 시인의 시선에서 삶의 깊은 위안을 얻을지도 모른다고 생각했다.

그 책은 10편의 편지로 구성되어 있으며, 편지에는 사랑과 인생, 관용에 관한 실존적인 물음의 답이 담겨 있다. 날마다 너는 누운 채로 그 책을 읽었다. 책을 읽을 때면 네 얼굴에는 미소가 피어올랐다. 네가 릴케의 이야기에 담긴 지혜를 통해 깨달음과 기댈 곳을 찾을 수 있었기 때문이다.

나는 너의 눈에서 마침내 누군가가 너의 감정을 이해했다는 사실을 읽어냈다. 너는 릴케의 여덟 번째 시가 가장 좋다고 했다. 그것은 고독과 두려움에 대한 시로 〈드래곤 공주〉라는 제목이 붙어 있었다. 그 시를 읽는 동안 릴케가 직접 너에게 이야기하는 것과 같았다고 했다.

우리에게 적대적이지 않은 이상, 이 세상을 불신해야 할 이유는 없다. 세상이 두려움으로 가득하다면, 그것은 우리의 두려움이 된다. 세상이 혼돈으로 가득하다면, 그 또한 우리 것이 된다. 우리는 바로 곁에 머무는 위험들을 사랑해야 한다.
태초부터 존재했던 고대의 신화를 어떻게 잊을 수 있을까. 사나운 용들이 마지막 순간에 눈부신 공주로 변한다는 그 이야기를. 우리 삶의 일그러진 모든 용들은 우리를 한 번 만나기 위해 기다리는 아름답고 용감한 공주들인지도 모른다. 어쩌면 끔찍한 모든 것들의 가장 내밀한 곳에는 우리의 도움을 간절히 원하는 무력함이 자리하고 있는지도 모른다.

이제야 네가 많이 두려워했다는 사실을 깨닫는다. 또한 시 속의 아름답고 지혜로운 언어를 통해 운명과 화해하려고 무던히도 노력했음을 깨닫는다.

훌리오, 너는 알고 있었다. 네 삶과 함께 떠오른 태양이 서서히 저물어 가고 있다는 사실을 말이다. 너는 수많은 질문과 애끓는 노력, 불안한 마음으로 가득한 하루하루를 보냈다. 당시를 회상하면 나는 네 결심에 대해 다시 한번 놀라게 된다. 지금은 네가 다가오는 운명을 어떻게 이해하고 받아들이기로 결심했는지 알기 때문이다.

의사들로부터 네가 다시 회복될 수 없을 것이라는 얘기를 들었을 때, 어머니는 내게 다가와 무너져 내린 마음을 털어놓았다.

그분이 울먹였다.

"아들 녀석에게 뭐라고 말해야 할지 모르겠어요. 그 녀석이 알고 있는지 어떤지도…."

내가 물었다.

"의사가 뭐라고 하던가요?"

"그분들은 아들 녀석에게 어떤 치료를 할지 의논하고 있었어요. 저는 진실을 듣고 싶지 않아요. 훌리오는 정말 가능성이 많은 아이예요. 그 아이는 제 희망이에요. 그걸 무너뜨리고 싶지 않아요. 어쩌면 기적이 일어날지도 모르잖아요, 그렇지 않나요? 하지만 정말로 어쩌면 좋을지 모르겠어요. 만일 아들 녀석에게 진실을 말한다면, 희망을 잃고 더 빨리 세상을 떠나게 될 것만 같은 느낌이 드네요. 녀석을 절망 속에 빠뜨리고 싶지 않아요. 그렇다고 거짓말을 하고 싶지도 않고요."

내가 물었다.

"훌리오가 어떤 상태라고 하던가요?"

"좀더 큰 병원으로 옮긴다 해도 장담할 수는 없다고 하더군요. 훌리오와 비슷한 상태에서 그곳으로 옮겼다가 다시 회복된 환자는 단 한 명뿐이었대요. 그렇게 하는 건 아들 녀석에게 좋을 것이 없다는 생각이 들어요. 두려워요. 훌리오는 영리해요. 어떤 상황인지 금방 눈치챌 거예요."

나는 어머니와 함께 조용히 앉아 있었다. 대답은 스스로 찾아야만 했다. 그 순간만큼은 어느 누구도 그분을 도울 수 없다고 생각했고 믿었다.

그분은 아무도 동행할 수 없는 혼자만의 길로 걸음을 옮기고 있었다. 그 길에서 깨달음과 받아들임에 대해 온몸으로 배워야 했다. 우리는 나란히 앉아 있었다. 하지만 우리는 각자 너와, 위태로운 너의 미래에 대해 생각했다. 어떡하면 어머니가 자식에게 작별할 준비를 마칠 수 있을까? 천천히, 마침내, 어머니가 해답을 찾아냈다.

그분이 말했다.

"그저 아들 녀석을 편안하게 해 주고 싶어요."

어머니와의 대화를 마치자마자, 나는 네가 누워 있는 침대 옆으로 갔다. 금요일 이른 아침이었다. 그리고 이어질 주말이 길고도 고요하리라는 것을 알았다. 의사들은 침대맡 전등 아래 비상 연락처를 남겨 두고 부드러운 목소리로 작별을 건넸다.

그곳에 서서 네가 주말을 보낼 수 있을지 걱정했던 것이 떠오른다. 나는 어머니와 나눈 대화를 생각했다. 그분이 네 마음을 알기 위해 얼마나 애쓰고 있는지를 생각했다. 그분은 너에게 닥쳐올 운명을 네가 알고 있는지 무척 궁금해 했다. 하지만 그것에 관해 솔직하게 물어볼 용기는 없었다. 어머니는 어린 아들과 진솔한 대화를 나누는 것에 익숙하지 않았고, 너에게 다가가는 방법도 알지 못했다.

나는 릴케의 《모든 이별 앞에》라는 시와 산문을 엮은 책을 들고 있었다. 책 속에 담긴 시와 은유를 통해 너와 대화를 나눌 수 있으리라 믿었다. 이처럼 어려운 상황에서의 대화는 다른 누군가의 지혜를 등대로 삼을 때 훨씬 더 수월할 것이라 생각했다.

나는 네게 주말 동안 이 책을 읽고 가장 마음에 와 닿는 시를 골라 보면 어떻겠냐고 물었다. 내게도 같은 책이 있으니 월요일에 다시 만나 생각한 바를 나누자고 했다.

월요일 아침, 나는 네가 책 속의 모든 시와 단어를 꼼꼼히 읽었음을 알게 되었다. 너는 릴케의 글에 담긴 천사와 슬픔, 사랑에 대한 표현에 매료되어 있었다. 그리고 고심 끝에 가장 좋아하는 작품으로 경이로움과 모순, 그리고 유년 시절에 관한 시를 선택했다고 했다.

나는 그 시를 보여 달라고 청했다. 그러자 너는 마치 무대에 선 것처럼 침대에 허리를 곧게 펴고 앉아 큰 소리로 읽기 시작했다.

기쁨의 숭고한 힘으로
유년의 어두운 심연을 극복하면,
지금 이 순간의 삶 저편으로 상상한 적 없는
무지개 모양의 거대한 다리를 놓게 된다.

가장 혹독한 어려움을 이겨낼 수 있다면,
실로 경이로운 일들을 경험하게 된다.
하지만 밝고 순수하게 인정받은
성취 안에서만 이를 인식할 수 있다.

형언할 수 없는 관계 속에서
만물과 어우러지기란 어렵지 않다.
그러나 형식은 점점 복잡 미묘해지니,
휩쓸리는 것만으로는 충분하지 않다.

숙련된 힘을 키워 펼쳐라.
두 모순의 틈을 채울 때까지… .
신은 당신 안의
자신에 대해 알고 싶어 하므로.

훌리오, 여기에 너는 자신의 이야기를 담았다. 네 앞에 다가온 죽음과, 이에 대한 인식과, 이에 맞서 싸우기로 한 결심까지. 너 자신과 암에 대해 직접적으로 언급하지 않으면서도 이 모든 것들을 감동적으로 전했다.

"말해 보렴, 훌리오. 이 시를 통해서 릴케가 이야기하려는 것이 뭐라고 생각하니? '상상한 적 없는 무지개 모양의 거대한 다리'란 무슨 의미일까?"

네가 대답했다.

"음, 지금 이 순간 제 슬픔과 두려움에서 뻗어 나온 다리 같은 것이요. 그 다리 너머에는 아직 건강한 제가 있지요."

내가 다시 물었다.

"그럼 이 말은 무슨 뜻일까? '가장 혹독한 어려움을 이겨낼 수 있다면, 실로 경이로운 일들을 경험하게 된다.'"

네가 설명했다.

"저는 큰 위험에 처해 있어요. 제가 치유될 것이라고 믿는 사람은 아무도 없지요. 하지만 저는 경이로움을 기다리고 있어요. 경이로움이란 곧 기적을 말하니까요."

"'하지만 밝고 순수하게 인정받은 성취 안에서만 이를 인식할 수 있다.' 여기서 릴케는 네게 어떤 이야기를 하고 있니?"

네가 답했다.

"성취란 힘과 인내와 희망이에요. 아니, 희망은 아니에요. 그것은 너무 어려우니까요. 하지만 힘이 있다면 저는 계속 살아갈 수 있을 거예요."

"그러면, '휩쓸리는 것만으로는 충분하지 않다'란 무슨 말일까?"

네가 울먹였다.

“저는 스스로 삶을 통제하고 싶어요. 바람에 이리저리 휩쓸리며 끝없이 하늘을 떠돌다가, 구름과 산에 부딪치고 마는 풍선처럼 무력하긴 정말 싫어요. 그보다는 풍선에 매달린 줄을 꼭 붙잡은 손이 되고 싶어요. 제 의지로 풍선을 끌어내리고 싶어요. 그렇게 삶을 만들어 나가고 싶어요.”

너는 시인이었다, 훌리오. 하지만 네가 말했듯이 네 입에서 은유의 옷을 입고 나오는 단어들은 하나같이 현실의 고통스런 빛을 내뿜었다.

“그러면 ‘숙련된 힘을 키워 펼쳐라. 두 모순의 틈을 채울 때까지’라는 구절 속에 릴케가 담고자 했던 뜻은 무엇일까?”

네가 나지막이 설명했다.

“음, 모두가 희망이 없다고 말해요. 저를 보는 엄마의 눈에는 언제나 눈물이 고여 있어요. 의사 선생님들의 눈빛도 항상 슬프고요. 이곳은 치유의 장소예요. 병원이니까요. 하지만 제가 치유되는 데는 너무 오랜 시간이 걸려요. 이것이 바로 모순이에요. 그래서 제가 가진 힘을 키워 펼치고 싶어요. 유년 시절의 숭고한 힘을 펼쳐서 무지개 모양 다리로, 그러니까 상상한 적 없는….”

내가 물었다.

"상상한 적 없는 행복으로?"

"맞아요. 제가 말하려는 것이 바로 그거예요!"

내가 덧붙였다.

"그 말은 네가 지금 절망의 한복판에 서 있다는 것처럼 들리는구나, 훌리오. 그리고 네 눈에는 분명히 보이는 그 행복의 다리가 다른 사람들에게는 보이지 않는 것 같아."

네가 내게 물었다.

"어떻게 제 마음을 읽으셨어요?"

"난 그저 네 이야기에 귀 기울였을 뿐이다, 훌리오."

난 마침내 깨달았다. 넌 세상이 네게 적대적이지 않다는 사실을 분명히 이해했다. 넌 벌써 피할 수 없는 운명과 친해져 있었다. 이를 믿지 않아야 할 이유도 없었다.

"말해 보렴, 훌리오. 무지개 모양의 다리 아래는 어떨 것 같니?"

"무슨 말씀이세요?"

내가 다시 물었다.

"상상한 적 없는 행복의 다리를 건너면 어디에서 자신을 찾게 될까? 그곳은 어떤 모습일 것 같니?"

"음, 아름다울 것 같아요. 분명히 아름다울 거예요. 우선, 저희 어머니는 성공적인 모금 위원으로 활동하고 계실 거예요. 지금 직업을 그만두시고, 직접 세운 모금 위원회 회장으로 일하시는 거죠. 그곳에서 모금된 돈으로 저와 같은 아이들의 생명을 구하실 거예요. 그리고 그 일에서 만족과 행복을 느끼실 거고요. 두 번째로 제 누이 카르멘은 대학을 마치고 작가가 될 거예요. 물론 그 애도 행복할 거예요."

"그리고 너는 어떨 것 같니?"

"음, 제 몸에는 더 이상 암세포가 남아 있지 않을 거예요."

"그러면 암세포는 모두 어디로 갈까?"

"풍선처럼 바람결에 휩쓸리며 하늘을 떠돌 거예요. 그리고 제가 그 풍선을 매단 줄을 놓을 테고요."

너는 환하게 웃었다. 그리고 나서 네가 아직 알지 못하는 삶에 대한 생각을 털어놓았다.

"저는 부자가 될 거예요. 돈을 많이 벌 거고요. 그리고 그 돈을 아픈 아이들을 살리는 병원을 짓는 데 쓸 거예요. 제 병원에서는 모든 아이들이 웃음 지을 거예요."

내가 얘기했다.

"영화 〈찰리와 초콜릿 공장〉에서 초콜릿 공장에 가면 아이들이 모두 웃음 짓는 것처럼 말이구나. 그러면 '찰리와 치료 공장'이 되겠는걸."

"근사하네요. 그것이 바로 상상한 적 없는 행복의 다리 아래서 제가 할 일이에요."

우리는 잠시 말없이 앉아 행복과 초콜릿, 그리고 회복된 건강을 꿈꾸었다. 그러다 문득 나는 가만히 미소 지었다. 릴케가 말하는 바를 네가 온전히 이해했음을 깨달았기 때문이다. 네 자신에게 직면한 어려움이 홀로 혹독하게 겪어내야 하는 것임을 잘 알고 있었다. 너는 치열하게 운명에 맞서 싸웠다. 그리고 이를 받아들이는 방법을 하나씩 배워 갔다.

"어떻게 그럴 수 있니, 훌리오? 어떻게 그처럼 혹독한 어려움 앞에서도 행복할 수 있는 거니?"

네가 천천히 입을 열었다.

"희망이 있기 때문이에요. 저는 꼭 희망을 가져야만 해요. 그렇지 않으면 더 이상 삶을 이어 나갈 수 없으니까요."

내가 물었다.

"주변 사람들은 모두 희망을 버린 것 같니?"

"네."

"누가?"

"음, 의사 선생님께서 더 이상 저를 도울 수 있는 방법이 없다고 하셨어요. 그리고 슬픈 눈빛으로 저를 바라보셨지요. 저는 걱정하지도, 그렇게 슬퍼하지도 마시라고 말씀 드려야 했어요. 그리고 다른 사람들은 엄마와 얘기를 나눌 때마다 엄마에게 희망이 없다고 해요. 엄마가 눈물지으며 너무 미안하다고 말씀하실 때의 눈을 보면 알 수 있어요. 그러면 저는 엄마에게 힘과 용기를 드려야 해요. 그리고 말하지요. '괜찮아요, 엄마. 이렇게 무너지지는 않을 거예요! 보기 좋게 이겨내고 말게요.'"

난 조심스럽게 어머니에게 다가갔다. 그리고 우리가 나눈 대화를 한 마디도 빠짐없이 모두 전했다. 삶과 죽음을 이해하는 너의 얘기와 관점을 되풀이해 말했다. 그리고 나서 제일 좋아하는 시를 읽은 후, 릴케가 너에 관한 이야기를 한다고 생각했다는 네 말을 전했다.

우리는 잠시 말없이 앉아 있었다. 네가 모든 상황을 인식하고 있다는 사실을 깨달은 순간, 어머니는 눈물을 쏟았다. 네 어머니는 너의 깊은 이해심에 감동을 받았고, 네가 세상을 떠나기 전까지 함께 한 날들을 통해 한층 더 성장했다. 그분은 너로 인해 많은 것들을 배워 나갔다. 어머니는 너를 무척 자랑스럽게 여겼다. 그분은 만나는 모든 사람에게 아들 녀석이 시인이라고 말했다.

우리가 대화를 나눈 뒤로 어머니는 날마다 네 병실 침대 옆에 앉아 있었다. 그분은 네게 〈상상한 적 없는 행복〉이라는 릴케의 시를 읽어 달라고 청했다. 그리고 네가 너무 쇠약해졌을 때는 그분이 부드러운 목소리로 읽어 주었다.

> 지금 이 순간의 삶 저편으로 상상한 적 없는 무지개 모양의 거대한 다리를 놓게 된다. 신은 당신 안의 자신에 대해 알고 싶어 하므로.

조요한 토요일 아침에 너는 세상을 떠났다. 그 순간 어머니와 할머니는 병원에 없었다. 하지만 너는 혼자가 아니었다. 간호사와 의사들, 어머니의 믿음처럼 신께서 함께했다. 나는 릴케도 그곳에 있다고 믿고 싶었다. 너를 이끌어 슬픔과 천사의 땅을 지나고 마침내 안식처로 인도해 주리라 믿고 싶었다.

얼마 지나지 않아 어머니가 병원에 도착했다. 병원 복도를 걸어가며 그분은 흐느꼈다. 연로한 할아버지와 로사 할머니가 양쪽에서 어머니를 부축했다. 점점 더 슬피 울던 어머니는 너를 본 순간 네

몸 위로 쓰러졌다. 그리고 네 이름을 크게 불렀다.

그 뒤로 몇 년이 흘렀다. 어쩌면 릴케가 옳았는지도 모른다. 우리 안의 일그러진 용은 모두 변장한 채 누군가 나타나 안아 주기만을 애타게 기다리는 공주인지도 모른다. 어쩌면 어머니의 입맞춤만으로 상처가 말끔히 나았던 유년의 신비로운 세상 속에 우리가 배워야 할 교훈이 숨어 있는지도 모른다.

하지만 우리가 사는 이 세상에 마법을 부리는 요정은 없다. 뿐만 아니라 극한의 고통이 활활 타오르는 희망의 불꽃마저 삼켜 버리기도 한다. 하지만 두려움과 친해지고 슬픔에 맞서는 동안에 우리는 큰 가르침을 하나 얻는다. 누군가의 죽음을 경험한 이후의 삶이란 기쁨을 재발견하는 것이라기보다 기꺼이 운명을 받아들이는 것이다. 설령 그것이 아무리 고통스럽고 부당하게 느껴질지라도….

 추신

죽음을 받아들이기 위해 애쓰는 동안 세상이 우리에게 준 것들에 애착이 생긴다. 우리는 물질적인 부와 성공, 육체적인 안락을 얻기 위해 무던히 노력한다. 또한 자신의 감정에 집착하기 시작한다.

우리는 모든 순간이 기쁨으로 넘치기를 소망하고, 사랑을 갈구하며, 자비를 청한다. 나이가 들수록 피할 수 없는 우리의 운명에 대해 조금씩 더 인식하게 된다. 약할 때 우리는 힘을 달라고 기도하며, 방황할 때 삶의 의미를 찾으려 애쓴다. 그리고 두려울 때 죽음의 부당함으로부터 안전한 곳을 찾아 헤맨다.

풀잎에 맺힌 아침 이슬처럼 인생에서 우리가 이룬 모든 것들은 어느 날 문득 대기 중으로 증발해 버릴 것이다. 우리가 가져가고 싶은 것은 살아가면서 얻은 물질적인 것들이 아니라, 오랜 시간에 걸쳐 깨달은 교훈의 정수다. 그리고 우리는 세상을 떠나고 난 뒤에라도 그 정수의 흔적만은 그대로 남아 있기를 소망한다.

언젠가 소멸할 운명을 타고난 존재기에 우리는 이 여정이 죽음으로 마무리되리라는 사실을 잘 안다. 때문에 어떤 이는 하루하루 더욱 감사한 마음으로 살아간다. 아픔 없는 시간에 우리는 감사한다. 누군가 귀 기울여 줄 때 우리는 고마워한다. 그리고 더 나은 날이 오기를 기도한다.

비통함과 근심, 두려움에 휩싸여 운명에 맞서는 이들도 있다. 그들은 피할 길 없는 운명에 대해 불평하고, 신과 조화로운 우주에 대해 의문을 품고, '운명의 그날'을 초조하게 기다린다. 그렇다면 우리는 운명을 받아들일 능력을 어떻게 얻을 수 있을까? 그리고 우리가 사랑하는 이에게 그러한 일이 닥쳤을 때, 그 불가피한 상황을 어떻게 받아들일 수 있을까?

고통과 초월에 대한 훌리오의 이야기에서 답을 찾을 수 있다. 자신에게 귀 기울여 주는 사랑하는 가족들의 곁에서 죽음이라는 현실과 맞서야 했기 때문이다.

심리사회팀과 의료팀 직원들은 훌리오를 돌보기 위해 육체적인 측면뿐 아니라 정신적인 측면에도 시간과 관심을 쏟았다. 의료팀이 훌리오의 말에 귀 기울이고 함께 대화하는 방법을 몰랐을 때 사회심리팀이 도움의 손길을 내밀었다. 우리는 누군가가 이야기를 할 때는 반드시 귀 기울여 주는 사람이 필요하다는 소중한 교훈을 훌리오로부터 배웠다.

상대방의 이야기 속에 담긴 상징성을 이해하기 힘들다면 반드시 누군가에게 도움을 청해야 한다. 사제, 율법학자, 심리학자, 혹은 친구라도 상관없다.

우리의 아픔을 지켜보고, 우리의 얘기에 진정으로 귀 기울이기란 결코 쉽지 않은 일이다. 우리가 도무지 믿을 수 없는 상황을 받아들이기 위한 힘겨운 여정을 이어 가는 경우에는 더욱 그러하다. 진지하게 받아들여지고 이해받으며, 그에 따른 응답을 얻고자 함은 우리의 성장에 큰 힘이 된다. 내면세계를 목격할 때, 그들은 우리의 중요성에 대해 깨닫고 이를 확신하게 된다. 이러한 깨달음이 없다면 우리는 고독 속에 갇히게 된다.

하지만 두려움과 숨겨진 바람이 사랑과 이해를 만나면, 우리는 지금 이 순간을 넘어 더욱 평화로운 공간으로 걸음을 옮길 수 있게 된다.

그러나 우리가 걸어가는 길은 결코 곧게 뻗어 있거나 평탄하지 않다. 그 길에서 우리는 기쁘고 슬픈 수많은 추억들을 만난다. 사랑하는 이가 건강하고 활기에 넘쳤던 날들을 회상하다 문득, 고통과 아픔의 날들을 떠올린다. 이렇게 슬픈 일들만 기억해내는 느낌이 들기도 한다.

사랑하는 사람이 쇠약해져 치료를 받았지만 결국 병이 전이되어 고통스러워할 때 찍은 사진을 강박적으로 들여다본다. 비디오를 보면서 진정 사랑했던 사람이 얼마나 아팠었는지 확인한다. 혹은 그 사람의 죽음에 대한 기사나 글을 다시 읽는다.

이런 식으로 되풀이되는 행동들은 우리의 고통을 확인시키고, "그 사람이 왜 여기 없지?"라는 잔인한 질문에 대한 대답을 준다. 다음 이야기를 통해 확인할 수 있듯이 말이다.

"제가 병원 침대에 누운 아들의 사진을 간직하는 까닭을 남편은 이해하지 못합니다. 하지만 저는 아들의 사진을 버릴 수가 없답니다. 저는 그 사진들을 자꾸만 꺼내 봐야 합니다. 집 안을 둘러보다가 문득, 아들이 그곳에 없다는 사실을 깨닫습니다. 그러면 제 자신에게 묻지요.

'이 녀석이 어딜 갔지? 몇 달 전까지만 해도 그렇게 건강하고 생기 넘치던 녀석이었는데 지금은 가 버리고 없다니, 어떻게 이런 일이 일어날 수 있지?'

그럴 때마다 저는 그 사진들을 꺼내 듭니다. 그리고 아들 녀석이 세상을 떠날 수밖에 없었다는 사실을 다시 한번 깨닫는 겁니다. 그 녀석은 더 이상 우리와 함께 이곳에 머물 수 없었어요. 내가 그 녀석을 얼마나 사랑하고 원하든 상관없이 말입니다."

현실을 받아들이려 애쓰는 동안 우리의 기억은 또 다른 작용을 한다. 그것이 순간적으로 떠오르는 것이든, 강요된 생각이든, 꿈꾸듯 찾아온 환상이든, 기억은 평소 우리 모습과 지금 되고자 하는 우리 사이의 다리 구실을 한다. 사랑하는 사람이 없는 삶을 지속하기 위해 몸부림칠 때, 기억은 우리를 붙잡아 준다. 그리고 '새로운 삶'을 만들어 가는 동안 우리는 받아들임과 힘, 평화와 같은 단어에 새로운 의미를 부여하는 법을 배운다.

사실, '용인'이라는 단어의 사전적인 의미는 다음과 같다. '기꺼이 받아들이기. 저항 없이 견디기. 정당하고, 정상적이고, 불가피한 것으로 간주하기. 진실이라고 인정하기.'

이러한 정의 가운데 사랑하는 이를 잃고 슬픔에 잠긴 사람들 대다수에게 적용될 수 있는 것은 마지막 부분이다. 우리는 이성적인 존재인 까닭에 사랑하는 이가 다시는 돌아오지 않으리라는 진실을 인정해야 함을 안다. 하지만 불평 없이 받아들여야 한다는 상실감에 더욱 큰 분노와 절망에 휩싸이는 것인지도 모른다.

자녀의 죽음과 같이 '순서가 뒤바뀐' 상실의 경우에는 더욱 그러하다. 많은 이들에게는 오히려 '체념'이라는 단어가 더욱 적절하게 느껴진다. '체념한다'는 것은 저항 없이 우리 자신을 맡기는 것이다. 본질적으로 우리는 슬픔에 항복한다. 한 어머니가 인정했듯이 말이다.

"저에게 체념이란 보다 건강한 공간처럼 보입니다. 아무런 집착도 낳지 않을 수 있기 때문입니다. 항복을 하면 저는 모든 감정에 몸을 내맡기게 됩니다. 그러면 순식간에 밀물처럼 밀려왔던 감정들이 어느새 썰물처럼 사라지게 됩니다. 저는 아무것도 할 수 없는 무력한 날들과 똑같이 인생이 행복하게 느껴지는 날들도 환영합니다. 제 시각은 등을 바닥에 대고 누워 허연 배를 보이는 강아지와 비슷합니다. 육체 중 가장 공격받기 쉬운 부분을 드러내는 것은 자신을 위협하는 상대방이 어쩌면 친구가 될 수 있을지도 모른다는 희망 때문입니다. 그것이 바로 지금의 제 상태입니다."

항복, 저항, 믿음, 이해. 어떻게 정의하든 상관없이 고통을 받아들이기 위한 고군분투는 우리의 궁극적인 목표로 남아 있다. 이는 우리를 교묘히 피해 가지만 날마다 우리를 앞으로 나아가게 한다.

탐구가 성공한다면 우리의 슬픔은 해일이 아니라 눈물 섞인 물안개와 같다는 사실을 발견할 것이다. 어쩌면 우리는 여전히 고통과 슬픔의 안개 속에서 바깥세상을 바라보고 있는지도 모른다.

하지만 머지않아 미래가, 그리고 그 안에 존재하는 우리의 자리가 눈에 들어올 것이다. 우리는 삶에서 가장 두려운 것과 맞섰다. 그리고 그 힘 앞에 상처받았다. 우리는 슬픔과 싸웠고, 친해지려고 노력했다. 그리고 결국 우리가 작별하게 될 그날까지 이러한 일들이 계속되리라는 가혹한 진실을 깨닫는다.

사랑에 대한 교훈

삶의 세상과 죽음의 세상, 두 개의 세상을 연결하는 다리가 있다. 영원히 사라지지 않으며, 영원한 의미를 간직한 이 다리는 바로, 사랑이다. | 손톤 와일더 |

영혼의 결혼식을 올린 팔로마에게

인생이란 홀로 걸어야 하는 길고 긴 여정이다. 살아가다 보면 문득 이를 깨닫게 되는 순간이 있다. 사랑하는 사람이 곁에 있다 해도 예외는 없다. 너에 대한 이야기를 할 때면 언제나 이를 다시 한번 곱씹게 된다. 아마도 네가 사랑에 대한 소망과, 사랑하는 이와 하나 되어 살고 싶은 바람으로 가득한 삶을 살았기 때문일 것이다.

너는 열여덟 살 소녀였고 숙제와 친구들, 미래에 대한 꿈으로 고민하는 평범한 고등학생이었다. 너는 아주 건강할 때 남자친구를 처음 만났다. 그리고 시간이 날 때마다 집안일을 돕겠다는 어머니와의 약속도 뒤로한 채 온종일 그와 함께 시간을 보냈다.

하지만 얼마 지나지 않아 네가 백혈병에 걸렸다는 사실을 알게 되었다. 점점 더 많은 머리카락이 빠졌고 병원에 머무는 시간이 더 길어졌지만, 너희 두 사람은 힘겨운 치료과정을 함께 헤쳐 나갔다. 그 과정에서 부딪히게 되는 피할 수 없는 슬픔과도 꿋꿋하게 맞서 싸웠다.

너를 지탱하는 힘이 성공도 건강도 아닌 사랑이라는 사실을 나는 그때 온전히 이해하지 못했다. 너는 항상 병원 진료 시간에 늦었고 자주 사라졌으며, 엉뚱한 곳에 약을 버려두곤 했다. 때문에 나 또한 다른 의사들처럼 심한 좌절감을 느꼈고 가끔씩은 화를 내기도 했다.

화학치료를 받는 날 아침에도 어머니 혼자 병원에 오곤 했다. 그리고 그분은 언제 올지도 모르는 딸을 하염없이 기다렸다. 돌이켜보니 이제는 알 수 있을 것 같다. 어머니는 그 순간 우리가 짐작했던 것 이상으로 딸에게 가장 필요한 것이 무엇인지 이해하고 있었음이 분명하다.

네가 자신의 길을 스스로 찾도록 허락한 것은 다름 아닌 어머니였을 것이다. 네가 며칠 만에 돌아와도, 약속된 진료 시간에 늦어도, 그분은 절대 화내지 않았으니 말이다.

암센터 소속의 사회복지사는 그 문제를 두고 어머니와 많은 대화를 나누었다. 그는 네가 머무는 곳을 더 잘 관리하는 일이 자신의 의무임에도 불구하고, 장소에 제한을 두려는 시도가 번번이 실패로 돌아가는 것에 대해 하소연했다. 하지만 나는 이제 안다. 어머니는 이러한 사실을 인식하지 못했던 것도, 너를 다루지 못할 만큼 약했던 것도 아니다. 그분은 진정으로 너를 위한 방법이 무엇인지 정확히 알고 있었다.

어머니는 자신의 직감에 모든 것을 맡겼다. 너는 사랑에 빠진 소녀였다. 그분은 네가 모든 것을 만끽할 수 있기를 빌었다. 얼마 지나지 않아 잃게 될 그것을 말이다. 이것이 바로 네가 남자친구인 하비에와 함께 있는 것을 그분이 허락한 이유였다.

어머니는 모든 의사들에게 얘기했다. 지금 네가 가장 친밀감을 느끼는 사람은 어머니도 의사와 간호사도 아닌 남자친구 하비에기 때문에, 그와 함께 지내면 치료를 받을 기회가 훨씬 더 많아질 것이라고.

하지만 단지 치료를 위해 그런 결단을 내린 것은 아니었다. 어머니로서의 가치를 시험해 보려는 힘, 바로 그것이 어머니를 이끌어 준 덕분이었다. 남동생이나 여동생은 절대 그와 같은 특권을 누려 본 적이 없었다.

훗날 치료과정에서 크고 작은 결정을 내려야 할 때 어머니를 이끌어 준 또 하나의 힘이 있었다. 그것은 바로 너에 대한, 그리고 네가 머지않아 잃게 될 것들에 대한 사랑이었다. 그분은 이것을 등대 삼아 그 불빛만을 따라갔다. 때문에 가끔씩 놀라운 결정들을 내렸고 번번이 담당의사들을 실망시켰다. 하지만 그분의 마음속 한가운데에 자리 잡고 있는 것은 바로 너였다. 언제나 그랬다.

마침내 네 건강이 심각한 상태에 이르렀다는 사실을 가족들에게 알려야 하는 순간이 왔다. 그 슬픈 날, 어머니는 모든 사람의 목소리에 귀 기울였다. 더 이상 할 수 있는 일이 없다는 의사들의 얘기는 무의미할 뿐이었다. 그분은 남동생 다니엘과 여동생 이사벨라, 이모와 삼촌들, 그리고 할머니는 물론 남자친구 하비에의 의견까지 듣고 싶어 했다.

어머니는 모든 사람이 너에게 일어난 일들을 있는 그대로 이해하기를 바랐다. 그분은 모든 질문에 정성껏 대답하려고 노력했다. 혼자서 모든 사람들을 대하기가 쉽지 않으리라는 사실을 잘 알고 있었기에 가족이 모이는 자리에 나도 참석해 주기를 청했다.

어머니는 특히 동생 다니엘을 걱정했다. 네 죽음이 임박했다는 소식을 제일 견디기 힘들어 할 동생은 너를 보내 주자는 가족들의 결정에 동의하지 않을 것이 분명했기 때문이다.

그날 아침, 햇빛이 잘 드는 너희 집 거실에서 가족들을 만났다. 친척들이 영어에 익숙하지 않았기 때문에 어머니가 중간에서 통역을 했다. 그분은 스페인어로 친척들에게 네가 처한 상황을 찬찬히 설명했다.

보다 명확히 말하자면 의사들은 어머니에게 네 건강이 회복될 가능성은 전혀 없다고 했다. 몸속 암세포가 투여하고 있는 약보다 훨씬 더 강했기 때문이다. 그들은 치료를 계속하는 것이 아무런 의미가 없으며 고통만 더할 뿐이라고 했다. 통증을 일시적으로 줄여 주는 것이 그들 계획의 전부였다.

다니엘은 이 모든 말들을 온몸으로 거부했다.

"절대 멈추면 안 돼요. 엄마, 치료를 그만두지 못하게 해 주세요."

남동생을 다독여 진정시킨 것은 하비에였다. 그는 어머니의 뜻을 이해했기에 다니엘에게 다가가 보듬었다. 그리고 자신이 직접 보고 깨달아 마침내 받아들인 네 운명을 동생에게 전달하려고 애썼다.

너는 소아 집중치료실에서 청소년 병동 1인실로 옮겼다. 나는 며칠 동안 어머니와 함께 네 곁에 머물렀다. 그때 어머니는 네 어릴 적 이야기를 들려줬다. 아버지와 함께 남아프리카에서 살았던 시절과 폭력적인 그에게서 벗어나 미국으로 오게 된 모든 사연들을 말이다.

낯선 나라에 새 보금자리를 꾸리고 너와 동생들을 부족함 없이 키우기 위해 고생한 얘기도 덧붙였다. 가까스로 비행기 표를 마련하고 첫째인 너를 데리고 떠나기 위해 아버지를 설득한 일들도 털어놓았다. 모두가 너에게 보다 나은 미래를 선물하려는 마음에서 비롯된 일이었다고 했다.

힘겨웠지만 달콤했던 그날들을 회상하는 동안 어머니의 입가에는 미소가 떠나지 않았다. 그분은 한 번에 한 명씩 자식들을 미국으로 데려왔고, 마침내 모두가 한 지붕 아래서 함께 살아갈 수 있는 날을 맞이했다.

어머니는 정말 멋진 이야기꾼이었다. 그분은 네 어린 시절을 빠짐없이 기억하며 차분하고도 사랑이 가득 담긴 음성으로 이야기했다. 어머니는 너에게서 자신도 깨닫지 못했던 가능성을 발견했다. 그리고 네가 태어난 그날부터 네 인생을 그려 왔다.

그분은 네가 좀더 좋은 환경에서 교육받으며 너만의 특별한 재능을 발견할 수 있기를 바랐다. 그리고 무엇보다 너의 좋은 친구가 되고 싶어 했다.

어느 날, 친구가 찾아와 네 손톱에 예쁜 색 매니큐어를 발라 줬다. 그 장면을 조용히 지켜보던 어머니의 모습을 아직도 기억한다. 너의 손톱은 볼 수도 없을 만큼 약해져 있었다. 그러나 친구는 정성껏 손톱에 고운 빛깔을 칠해 나갔다. 친구는 손을 어루만지며 네가 제일 좋아하는 바닐라 오일로 조심스럽게 손톱을 마사지했다.

결코 평범하지 않은 장소에서 가장 평범한 행동을 하고 있는 두 소녀의 모습을 지켜보던 어머니는 그저 가만히 미소 지었다. 그분은 고통을 드러내는 법이 없었다. 그리하여 주변의 세상이 온통 무너져 내릴 때조차, 너의 모든 꿈을 이뤄 주기 위해 그분이 사력을 다했다는 사실을 아무도 눈치채지 못했다.

하비에가 갑자기 청혼을 해서 바로 그날 밤에 결혼식을 올릴 것이며, 이 모든 일의 진행을 어머니가 맡기로 했다는 소식을 들었다. 하지만 나는 놀라지 않았다. 결혼식은 침대 옆에서 열리게 될 터였다. 네가 너무 약해져 움직이기도, 오래 깨어 있기도 힘든 상태였기 때문이다.

하비에가 아침에 청혼을 했다는 소식을 전해 들은 어머니가 너에게 결혼식을 언제 할 생각인지 물었다.

그러자 네가 대답했다.

"몸이 좀 좋아졌을 때."

하지만 그런 날은 결코 오지 않으리라는 사실을 어머니는 누구보다 잘 알고 있었다. 그분은 네가 너무 오래 기다릴까 봐, 그러다 너나 하비에의 마음이 변해 버릴까 두려워했다. 그래서 계속 고민하는 대신 병실에서 빠져나오는 쪽을 택했다. 그러고는 3시간 동안 네 결혼식 계획을 세웠다.

어머니가 혼잣말하는 것을 들었다.

"모든 것이 완벽해야 해. 오늘은 내 딸 결혼식 날이니까."

어머니가 돌아오면 너는 신부로 변신하게 될 터였다.

그날 저녁 내가 도착했을 때 병실은 벌써 친척들로 북적였다. 좋은 소식을 전해 들은 의사와 간호사, 그리고 병원에 근무하는 모든 사람들이 뜻깊은 날을 축하하기 위해 자리를 함께했다. 고운 드레스와 근사하게 빗어 올린 머리, 화사한 화장 덕분인지 이모들은 어느 때보다 멋지게 보였다.

한쪽에 놓아둔 녹음기에서는 결혼축가가 은은하게 울려 퍼졌고, 남동생 다니엘은 창문 옆에 서서 모든 순간을 비디오테이프에 담았다. 어린 사촌이 꽃을 뿌리고 여동생이 들러리를 서기로 했다. 어느 한 부분도 빠지거나 생략되지 않았으며 음식도 훌륭하게 마련되었다.

이 부분의 이야기는 네가 모를 수도 있다. 하지만 나는 이것을 네게 말하는 것이 무척이나 중요하다고 믿는다.

그곳에 도착하고 얼마 지나지 않아 나는 병원 관리사무실의 호출을 받았다. 남자친구는 스무 살이었지만 네가 아직 미성년자였기에 결혼은 법적으로 허락될 수 없었다. 의사들은 어머니가 결혼식의 모든 부분을 세심하게 준비하는 모습에 감명을 받았다. 하지만 마지막 소원을 이뤄 주기 위해 너무 서두른 나머지 나라의 법이나 병원의 규칙까지는 미처 생각하지 못했던 것이다.

그런데 어머니가 정말로 예상하지 못했던 것은 다름 아닌 운명이었다. 너도 알다시피 어머니가 다니는 성당의 신부님을 급히 모셔올 수 없었기 때문에, 뉴욕 주에서 모셔 온 결혼식 집전을 허가받지 못한 분으로 대신해야 했다. 상황이 이러하니 어차피 나라의 법에 맞게 결혼식을 치를 수는 없었다. 그러니 걸림돌이 되는 것은 병원

규칙뿐이었다.

어머니는 너에게 이러한 사실을 알리지 말아 달라고 간청했다. 나라 법의 잣대로 옳은지 그른지는 조금도 중요한 문제가 아니었기에 너는 그날 밤 결혼식을 올렸다. 신 앞에 정당한 결혼이면 그것으로 충분했던 것이다. 그래서 신성한 사건인지 그저 운명의 장난인지 알 수 없는 결혼식이 계속 진행되었다.

신부의 눈을 가려라.

신부의 어머니가 웨딩드레스를 가지고 병실 안으로 들어온다. 신부가 결혼식 전에 드레스를 보면 안 좋다고 믿기 때문이다.

창문을 닫아라. 커튼도 다 내려라. 그리고 손님들을 모두 밖으로 내보내라. 아직 시간이 안 되었다.

신랑은 어디 있나?

그는 아직 도착하지 않았다.

어머니와 여동생이 침대 옆으로 아름다운 웨딩드레스를 가져왔다. 드레스에는 레이스와 진주, 고운 자수 사이로 앙증맞은 나비들이 가득 내려앉아 있었다.

의사들은 어머니에게 네가 너무 약해져 움직일 수 없을 것이라 말했다. 너를 일으켜 드레스를 입히는 일이 불가능했다. 그러자 어머니는 더없이 사랑스러운 눈으로 너를 바라보았다. 그리고 파르르 떨리는 두 손으로 너의 창백하고도 여윈 양팔에 드레스 소매를 살며시 끼워 넣었다.

암세포로 가득한 가슴과 배를 진주가 곱게 박힌 아름다운 드레스가 살포시 보듬었다. 마치 포근한 담요 같았다. 창문에 반사된 불빛에 드레스 자락의 나비들이 은은하게 반짝였다.

다음은 화장을 할 차례였다. 다른 것과 마찬가지로 이 또한 완벽해야 했다. 화학치료로 머리카락이 거의 빠져 버린 머리에는 아름다운 모자를 씌웠다. 숨길 수 없는 희망과, 볼연지, 눈 화장으로 인해 네 얼굴은 환하게 빛났다. 너만을 위한 특별한 날이었다. 그리고 잠시 후 너는 공주가 될 터였다.

신랑은 어디 있지?

저쪽 구석에서 그를 본 사람이 있다.

왜 옷을 안 입은 거지?

식을 앞두고 긴장했나? 이런, 아직 철부지로군.

나는 병실 커튼 너머에 조용히 앉아 있는 네 신랑 하비에를 발견했다. 아직 턱시도도 입지 않은 채였다.

그가 물었다.

"얘기를 좀 나눌 수 있을까요?"

"그럼, 하비에. 무슨 얘기지?"

그가 잠시 망설이다 입을 열었다.

"잘 해낼 자신이 없어요. 저는… 저는 모든 일들이 이렇게 빨리 진행될 거라고는 상상도 못했거든요. 적어도 오늘은… 이런 식으로는 아니었어요."

그리고 그가 차근차근 얘기를 이어 나갔다. 그는 너에 대한 사랑 때문에 너를 미소 짓게 만들고 싶었다고 했다. 네가 죽기 전에 한 번이라도 더 웃게 하고 싶었다고. 그는 너와 결혼하고 싶다고 했다. 진정으로 그렇다고 했다.

하지만 청혼을 하고 나서 어머니가 아름답고 완벽한 결혼식을 그렇게 빨리 준비할 줄은 미처 몰랐다고 했다. 하비에는 네가 청혼을 승낙했을 때 무척 행복했지만 네가 회복된 뒤에 둘이 함께 소중한 결혼식을 준비할 생각이었다고 했다. 그리고 만일 네가 병원에서 퇴원해 집으로 돌아가지 못한다면… 아, 그다음 일은 생각해 본 적도, 생각할 수도 없다고 했다.

신부 발에 구두를 신겨라. 작은 리본이 달린 하얀 벨벳 구두가 드레스와 완벽하게 어울린다. 신부란 모름지기 예쁜 흰색 구두를 신어야 하는 법이다. 거울 속의 자기 모습을 볼 수 있도록 신부의 침대를 올려라. 오늘 그녀가 너무도 아름답다.

하비에와 나는 그곳에 제법 오래 앉아 있었다. 침착하게 그가 말했다. 결혼에 수반되는 모든 의무가 아직은 두렵다고 했다.

그가 설명했다.

"저는 너무 어려요. 이제 겨우 스무 살인 걸요."

"마음을 바꾸고 싶니, 하비에?"

그가 주저 없이 대답했다.

"아니요, 그건 아니에요. 팔로마에게 그런 짓을 할 수는 없어요. 지금도, 앞으로도 절대로요."

"지금 이 순간 제일 두려운 게 뭐니?"

그가 울먹였다.

"모르겠어요. 그냥, 결혼한 제 자신의 모습을 받아들일 준비가 안 된 것 같아요. 하지만 저는 팔로마를 사랑해요. 진심으로 사랑해요. 그리고 그 애가 미소 지었으면 좋겠어요. 그 애가 웃었으면 좋겠어요."

"만약에 내가 이 결혼이 법석으로 인정받지 못할 수도 있다고 말한다면? 만약에 어떤 말도 안 되는 이유 때문에, 집전 허가를 받은 신부님이 결혼식에 참석할 수 없다면?"

그가 놀란 눈으로 물었다.

"그게 무슨 말씀이세요?"

"내 말은, 네가 팔로마와 친구들과 가족들 앞에서 사랑의 맹세를 할 수 있겠느냐는 거야. 법이 이 결혼을 옳다고 판단하든 그렇지 않든 상관없이 말이야. 이건 사랑과 신의 이름으로 거행되는 결혼식이 될 테니까."

잠시 하비에는 침묵을 지켰다. 하지만 나는 알고 있었다. 그는 내가 던진 질문의 의미를 분명히 이해하고 있었다.

용기와 확신을 모아 천천히 그가 입을 열었다.

"네, 그래요. 그렇게 하겠어요. 그게 옳아요. 신 앞에서 올리는 결혼식이 될 테니까요."

서둘러, 서둘러야 해. 방은 벌써 손님들로 가득하다. 신부는 어디 있지? 준비를 마쳤나?

자, 음악! 이제 음악이 흘러나와야 할 시간이다.

카메라도 만반의 준비를 갖춰라. 곧 결혼식이 시작된다.

하비에가 다급하게 물었다.

"저, 신랑 들러리를 구하지 못했어요. 들러리를 서 주시겠어요?"

내가 웃으며 대답했다.

"물론이지, 하비에. 영광인걸."

"그리고 신발도요. 턱시도에 신을 구두를 생각 못했어요."

방 안에 모인 손님들을 향해 내가 큰 소리로 물었다.

"혹시 여기 270밀리 구두 신고 계신 분 있나요?"

"여기 있습니다."

결혼식 기도문을 준비하던 신부님이 가만히 손을 들었다.

내가 부탁했다.

"그 신발을 좀 빌려 주시겠어요. 신랑이 신발도 없이 결혼식을 치르게 할 수가 없어서요."

그리고 드디어 너의 결혼식이 시작되었다. 놀란 눈을 한 신랑과 야위었지만 그 어느 때보다 환하게 빛나는 신부가 신부님 앞에 함께 자리했다. 순식간에 그 자리에 모인 사람들 모두가 스무 살이 되었다. 적어도 그렇게 보였다. 자신과 너에 대한 사랑을 다시 한번 확인한 하비에가 곁에 서서 남편이 될 준비를 하고 있었다.

신부님이 얘기했다.

"신부에게 반지를 끼워 주세요."

하비에가 따뜻한 눈길로 너를 바라보았다. 그리고 떨리는 손으로 손가락에 반지를 끼워 주었다. 세상을 떠나는 순간까지 네가 간직했던 바로 그 반지를.

작은 병실 안에 은은한 음악이 울려 퍼졌다. 다시 한번 삶에 대한 희망과 소박한 인생에 대한 꿈으로 반짝이는 두 사람을, 그곳에 모인 사람들 모두가 말없이 지켜보았다.

신부님이 물었다.

"오늘 이 자리에 함께한 분들 중에서 이들 두 사람이 결혼해서는 안 될 이유를 아는 분이 있습니까?"

신부님이 사람들을 한 번 둘러보고 말을 이었다.

"지금 이 자리에서 얘기하거나 아니면 평생 가슴속에 간직해 주십시오."

방 안에는 침묵만이 흘렀다.

"그러면 이 자리에 모인 분들과 하느님 앞에서 두 사람이 남편과 아내가 되었음을 선언합니다. 신랑은 신부에게 키스하세요."

우리는 모두 숨을 죽인 채 서 있었다. 하비에가 몸을 낮춰 입맞춤을 건네는 순간 결혼식장에 모인 사람들이 눈물을 흘렸다. 그리고 운명적이고도 달콤 쌉싸래한 밤, 하비에가 네게 보여 준 사랑에 환한 웃음과 박수를 보냈다.

남동생은 결혼식을 통째로 비디오테이프에 녹화했다. 그 뒤로 몇 달 동안, 어머니는 어디를 가든지 그 테이프를 가지고 다녔다. 그분은 당신 딸의 결혼식 장면을 보고 싶어 하는 사람들 모두에게 비디오를 보여 주었다.

간호사들은 결혼식의 모든 순간을 즉석 사진기에 담았다. 그리고 결혼식이 끝나자마자 네게 근사한 결혼앨범을 선물했다. 어머니와 시어머니, 그리고 새신랑의 사진까지 담긴 완벽한 앨범이었다. 가게에서 사 온 웨딩케이크는 유명한 호텔 주방장이 만든 것보다 훨씬 더 달콤했다. 그리고 면역력이 약한 환자들의 병실에는 꽃을 들여놓을 수 없었기 때문에 흰 꽃 모양의 리본이 그 역할을 대신했다.

창문을 닫아라. 커튼도 내려라. 그녀의 두 눈은 빛에 너무 민감하다. 결혼식이 끝나자 신랑이 어둠 속에서 신부 옆에 말없이 앉는다. 그렇게 고요하게 앉아서 시간과 우주를 뛰어넘으려는 그녀를 바라보며 나지막이 묻는다.

"지금 뭐가 보여? 어디로 가고 있어?"

그는 잠시도 그녀의 곁을 떠나지 않는다. 대기실에 가서 잠깐 눈이라도 붙이고 오라는 간호사의 말에도 꼼짝하지 않는다. 그는 그녀의 병원 침대 옆에 누워서 그녀와 함께하는 삶을 꿈꾼다. 절대 오지 않을 그날들을 그려 본다. 그는 옷을 갈아입고 샤워를 하러 집으로 가지 않는다. 다만 결혼식을 올리고 맞이하는 첫날밤에 그녀의 곁을 떠나지 않으리라 말할 뿐이다.

그리고 꼭 24시간 후에 어머니의 하늘이 무너진다.

그분이 울부짖는다.

"도대체 산소통을 왜 치운 거야? 안 된단 말이야. 내 딸은 산소가 더 필요하다고. 의사를 불러. 약을 좀더 달라고 해. 화학치료를 더 받아야 한다고 얘기해 줘!"

그분은 혼란스럽다. 당신의 딸이 세상을 떠났다는 사실을 자신도 안다고 언젠가 그분도 말할 것이다. 그분에게는 돌봐야 할 다른 어린 자식들이 있으니까. 그들을 위해서라도 강해져야만 하니까. 하지만 그분은 그 자리에 주저앉고 만다. 꼼짝을 할 수가 없다. 작별 한마디도 건넬 수가 없다.

그녀의 남동생이 한쪽 구석에 서서 꼼작도 않는다. 지금 눈앞에서 벌어지고 있는 일들이 도저히 믿기지 않는가 보다.

하비에가 그예 울음을 터뜨린다.

"일어나, 일어나라고! 얼른 일어나라고 말 좀 해 주세요!"

그가 자신의 신부를 보듬고 서러운 눈물을 흘린다. 그녀의 머리와 두 눈, 양 볼과 입술을 어루만진다. 하지만 이미 숨결이 사라진 그녀의 몸은 미동도 않는다.

그녀의 어머니는 이제 가야할 시간이라고 말하지만 그는 듣지 않는다.

그가 목 놓아 운다.

"눈 좀 뜨게 해 주세요. 누가 팔로마의 눈 좀 뜨게 해 주세요."

어머니가 말한다.

"그럴 수가 없어. 다시는 눈을 뜨게 할 수가 없어. 이 아이는 이제 네 가슴속에만 있어."

네가 눈을 감았을 때 나는 떠나가는 네 영혼 앞에 어쩔 줄 모르고 서 있었다. 그다음에 어떤 일들이 일어났는지 자세히 기억나지는 않는다. 하지만 고개를 든 순간 하비에가 옆에 서 있었던 것만은 분명하다.

그가 나지막이 말했다.

"제가 슬퍼야 한다는 사실을 알아요. 그리고 정말 무척 슬퍼요. 하지만 마음 깊은 곳은 그렇지 않아요. 저는 지금 행복해요. 팔로마가 행복했다는 것을 알기 때문이에요. 제 아내가 말이에요. 팔로마는 앞으로도 영원히 제 아내예요."

그는 마지막 순간에 네게 속삭였다고 얘기했다. 이제 하느님을 만나러 갈 시간이라고. 천국에 있는 자신의 남동생과 여동생을 만나러 갈 시간이라고. 그리고 그들이 그곳에서 너를 잘 돌봐 줄 거라고.

그가 말을 이었다.

"이것이 훨씬 낫다는 걸 저도 잘 알아요. 우리가 데이트를 할 때, 팔로마가 말했어요. '당신을 영원히 사랑한다'고요. 저도 그럴 거예요. 저도 영원히 팔로마를 사랑할 거예요. 저는 팔로마가 숨 쉬고 있는 것을 봤어요. 모두들 숨을 거뒀다고 했지만 저는 분명히 봤어요. 가슴이 아주 천천히 움직이는 것을요. 저는 몸을 숙여 입맞춤을 건넸어요. 그 순간 깜작 놀랐지요. 입술이 너무 차가웠기 때문이에요. 그러고 나서… 팔로마가 숨을 멈췄어요."

"너의 입맞춤이 팔로마를 새로운 세상으로 이끌어 준 모양이야."

내가 말했다.

"예, 저도 그런 것 같아요. 제가 팔로마를 미소 짓게 만들었고, 그래서 팔로마가 행복했다는 사실을 선생님과 함께 나눌 수 있어서 행복해요. 저는 좋은 일을 했고 아무런 후회도 없어요. 팔로마와 결혼해서 너무 기뻐요."

벌써 6년의 세월이 흘렀다. 네가 우리 곁을 떠난 첫 해에 어머니를 몇 번 찾아갔었다. 우리는 언젠가 네가 머물렀을 거실에 앉아서 너의 결혼식과 인생에 대한 이야기를 나누었다. 마땅히 네 몫이 되어야 했을 소중한 꿈들을 곱씹으며 아쉬움을 달랬다.

두 사람의 첫 번째 결혼기념일에 하비에에게 전화를 했다. 그는 네 어머니, 남동생, 여동생과 함께 살고 있으며 대학에 복학했다고 했다. 그는 그날 전화를 걸어 준 사람은 나뿐이라며 고마움을 전했다. 하지만 괜찮다고 했다. 아직도 소중하게 너를 기억하고 있으며 앞으로도 영원히 그럴 것이니. 너는 영원한 자신의 신부일 테니.

그 뒤로 너의 가족과 연락이 끊기고 말았다. 새로운 삶을 꾸려 나가기 위해 어머니가 가족들을 이끌고 남부로 이사했다는 말을 전해 들었을 뿐이다. 그리고 남편인 하비에의 소식에 대해서는 더 이상 알지 못한다. 하지만 나는 분명히 알고 있다. 그가 어디에서 무엇을 하며 살고 있든 그의 곁에는 항상 네가 함께한다는 사실을.

 추신

치료과정에 있어서 사랑이 차지하는 비중을 어떻게 말로 다 설명할 수 있을까? 우리는 세상 모든 사람들이 언젠가는 소멸할 운명을 지닌, 각각의 독립된 존재라는 사실을 잘 알고 있다. 우리는 이 세상에 홀로 태어났으며 언젠가 이 세상을 홀로 떠나야 한다.

하지만 사랑을 통해 배우는 교훈만큼은 끝이 없으며, 또한 영원하다. 이러한 교훈들은 우리에게 행복하고 아름다운 낮뿐만 아니라 외롭고 절망스러운 밤까지 지날 수 있는 힘을 준다.

우리는 인간의 무한한 능력을 알고 있다. 자연과 인간이, 어머니와 뱃속의 태아가 서로 하나였던 시간을 지나서 마침내 독립된 개체로 거듭나기 위한 여행을 시작해야만 한다는 사실을 안다.

우리에게는 이성이 있다. 그렇기 때문에 마음속 깊은 곳에 자리 잡은 것이 가장 큰 두려움인 동시에 가장 필요한 것임을 스스로 깨닫는다. 우리는 스스로 외로움을 극복해야 하며 고독으로부터 자유로워져야 한다는 사실을 잘 알고 있다.

영혼의 반려자나 사랑하는 동반자와의 일체감이 없으면 우리는 불확실함과 초조함, 무력감에 시달린다. 심지어 부끄러움을 느낄 때도 있다. 이것이 바로 우리 모두가 사랑을 찾아 헤매는 까닭이다.

독일의 사회심리학자 에리히 프롬은 말한다. 우리가 배우는 모든 지식 중에서 영혼을 살찌우는 것은 사랑뿐이라고. 인간은 존재의 이유에 대한 가장 현명한 해답으로 망설임 없이 사랑을 선택한다. 다른 존재와의 일체감은 우리 자신이 유일무이한 존재임을 마음속에 새기게 한다. 그러니 세상을 떠나고 난 뒤에도 자신이 오랫동안 기억되리라 확신하는 것이다.

이러한 인간관계는 내적인 경험을 통해서만 얻을 수 있다. 그리고 이를 얻게 되었을 때 우리는 진정으로 살아 있음을 느낀다. 죽음이라는 피할 수 없는 운명이 코앞에 닥친 경우라도 그렇다. 사랑을 할 때 비로소 지금의 삶에 온전히 몰입할 수 있기 때문이다.

사랑 또한 슬픔처럼 노력과 존경의 자양분을 필요로 한다. 다른 사람과 일체감을 얻기 위해, 그리고 고독감을 떨쳐 버리기 위해 애쓰면서도 우리는 때로 크나큰 두려움과 맞서 싸워야 한다는 사실을 발견한다.

우리는 자신이 느끼는 고통 속으로 당당히 걸어 들어가, 그곳에서 진정한 위안을 찾을 수 있어야 한다. 사랑이란 자신과 타인을 인식하는 것이다. 우리 앞에 어떠한 운명이 기다리고 있을지라도 정직하고 감탄스런 눈으로 자신과 타인을 바라보는 것이다. 자신과 주변 사람들을 지켜보고 관찰하는 시간이 늘어날수록 독립된 존재로 성장할 수 있는 능력 또한 점점 더 커진다. 한때 우리를 사로잡았던 두려움으로부터 자유로워지는 것이다.

슬픔처럼, 사랑 또한 배려와 관심, 주의를 필요로 한다. 그래야만 이제 막 피어난 사랑이 성장하고 변화하고 변모할 수 있다.

사랑 앞에 서 있으면 우리는 언제나 어린아이가 된다. 사랑은 우리에게 소중한 가르침을 아낌없이 선물한다. 릴케의 말처럼 누군가 이 세상을 떠나는 순간은 눈을 감고 숨을 멈추는 때가 아니다. 우리의 가슴과 기억 속에서 사라지는 순간, 비로소 한 사람이 더 이상 이 세상에 존재하지 않게 되는 것이다.

눈으로 보고 손으로 만질 수 있었던 사람들이 마음속 깊은 곳에만 자리하게 되는 순간은 어느 날 갑자기 온다. 그러면 사랑의 정수인 정신만이 계속 우리에게 영향을 주고, 지탱해 주며, 지지하게 된다. 성장할수록 사랑했던 사람과의 일체감 또한 깊어진다. 그리해 사그라질 줄 모르는 슬픔 속에서도 사랑을 찬미할 수 있게 된다.

그러면 새로운 도전 앞에서 목소리가 더욱 우렁차 진다. 또한 사랑했던 그 사람이 살아 있다면 바랐을 일들을 망설임 없이 실행에 옮긴다. 떠나간 이들이 더 이상 할 수 없는 일들을 홀로 해 나가기도 한다. 그러는 동안에 우리는 발견한다. 손으로 만져 알 수 있는 사랑과 마음으로 느껴 깨닫는 사랑에는 고작 가슴에서 손까지 만큼의 거리가 있을 뿐임을.

우리가 내리는 결정과 하는 말 속에는 항상 사랑이 깃들게 마련이다. 그러니 삶의 구석구석에 존재하는 사랑을 저버리지 않는 한, 그것은 지속된다. 그렇게 살다 보면 문득, 우리가 인간의 본질적인 과제를 해냈다는 사실을 깨닫게 될 것이다.

우리는 저마다 영원히 독립된 존재다. 그러나 마음속에는 사랑이 깃들어 있다. 그러니 우리는 누군가와 영원히 연결되는 것이다.

슬픔으로 인해 가슴이 아플 뿐, 죽음이란 어쩌면 존재하지 않는 것인지도 모른다. 아마도 이것이 사랑이 주는 가장 큰 교훈일 것이다. 사랑과, 사랑에서 비롯되는 힘은 영원히 살아 있다. 물질에서 정신으로 모습이 바뀔지라도 그것만은 절대 변함이 없다.

사랑이 있는 한, 슬픔 또한 계속되리라는 사실을 우리는 잘 안다. 우리가 또 다른 어느 세상에서 다시 만나게 될 순간까지 슬픔은 결코 잦아들지 않을 것이다. 하지만 괜찮다. 우리가 다시 만나게 될 그 어느 별 또한 사랑으로 가득할 테니.

우정에 대한 교훈

삶을 일궈 나간다는 것은 배와 항구를 동시에 건설하다 배가 가라앉고 나서 한참 뒤에야 비로소 항구를 완성하게 되는 것과 같다. | 예후다 아미하이 |

졸업식을 하루 앞두고 떠난 에밀리에게

네가 우리 곁을 떠난 지 오늘로 꼭 2년이 되었다. 이별의 아픔은 시간이 흘러도 좀처럼 잦아들지 않는다는 사실을 나는 이제야 깨닫는다. 내 책상 한쪽에는 언제나 네 사진이 놓여 있다. 네가 제일 좋아했던 캐릭터 장식의 액자에 꽂힌 사진을 처음 본 아이들은 내게 묻곤 한다.

"여동생이에요? 부인인가요?"

그러면 나는 망설임 없이 대답한다.

"아니란다. 내 친구야."

그게 사실이니까. 너와 마주한 순간, 나는 그저 환자에게 도움의 손길을 내미는 치료사가 아니었으니까. 골수치료실에서 보내는 너의 힘겨운 시간이 조금이라도 수월하게 지나가기를 기도하는 내 마음은 우리가 친구라는 사실을 분명히 알고 있었다.

즐거웠던 고등학교 시절과 소중한 친구들, 그리고 함께 나눈 아름다운 시간들을 추억하면서 너는 길고 지루한 치료를 잘 이겨냈다.

가끔은 심술궂은 간호사 험담도 했고 퇴원한 후의 날들을 그려보기도 했다. 그리고 어린 시절로 돌아가 깔깔거리다 순식간에 제법 진지한 표정을 지으며 밝은 미래를 꿈꾸기도 했다. 그렇게 너는 내가 내미는 손을 잡았고 암과 싸우는 힘겨운 여정의 길동무로 삼아 주었다.

너는 골수치료를 무척 두려워했다. 하지만 졸업파티가 열리기 전까지 집으로 돌아갈 수 있기를 간절히 기도하며 하루하루 치료의 고통을 견뎌냈다. 고등학교 졸업반이었던 너에게는 그 한 해의 순간순간이 새로 시작되고 끝을 맺는 소중한 시간이었으니까.

그러다 결국 졸업파티에 참석할 수 없게 되었지만 너는 괜찮다고 말했다. 그리고 친구들이 찾아와 졸업파티 얘기를 들려줄 때도, 그저 가만히 미소 지으며 귀 기울였다. 네가 정말 원했던 것은 누가 무슨 드레스를 입었고, 누가 누구랑 춤췄는지를 전해 듣는 것이 아니었다. 단지 그 자리에 함께하는 것이었다. 하지만 친구들의 얼굴에 웃음이 가득하고 모두가 행복해 하니, 그것으로 충분했다.

졸업앨범이 나오던 날에도 너는 병원에 있었다. 조금이라도 힘이 되기를 바라는 마음으로 네게 앨범을 전해 준 사람은 바로 어머니였다. 그동안 말로만 들었던 네 친구들 모습을 볼 수 있어 나도 덩달아 신이 났다. 다음 날, 오래된 내 졸업앨범을 들고 너를 찾아갔던 순간이 아직도 기억에 선하다.

졸업사진을 보여주자 네가 웃으며 말했다.

"멋진걸요. 고등학교 때 여학생들한테 인기 많았을 것 같은데요."

기억 속 나의 모습과는 많은 차이가 있는 얘기였지만 어쨌거나 지금 생각해도 기분 좋은 반응이었다, 에밀리. 어쩌면 네가 옳았는지도 모른다. 나는 정말 네 말처럼 '멋진' 사람이었는지도 모른다.

무엇을 보든, 누구를 만나든, 어떤 상황에 처하든, 너는 항상 멋지다고 말했다.

에밀리, 사실 정말 멋진 건 바로 너였다. 멋지다는 단어 하나만으로도 너의 모든 것을 표현할 수 있었다. 너는 소녀의 마음과 영혼을 가진 어린 숙녀면서 장난꾸러기였다.

하지만 누구보다 용감했다. 친구들과 함께 우스꽝스러운 그림을 그리고는 아래쪽에 '치료사 출입금지'라고 쓴 뒤 병실 문 앞에 떡하니 붙여 놓는 장난을 치기도 했다. 그러면서 동시에 아슬아슬한 삶과 죽음의 갈림길을 씩씩하게 헤쳐 나갔다. 부엌에서 친구들과 함께 찍었던 재미있는 비디오 얘기를 하다가도, 문득 설레는 목소리로 마침내 퇴원하는 날이 오면 아버지가 오픈카를 타고 병원 앞에서 기다릴 것이라고 말하기도 했다.

그토록 위태로운 투병 생활에서도 다음 걸음을 떼는 것을 두려워하지 않았다. 크나큰 고통 속에서도 매 순간 용기를 잃지 않았다. 에밀리, 넌 정말 멋졌다.

졸업식이 꼭 일주일 앞으로 다가왔을 때 담당의사가 유럽으로 휴가를 떠나게 되었다. 그분은 돌아올 때까지 동료들에게 너를 부탁했다. 부모님, 그리고 동료의사들이 아직 남아 있는 희망에 대한 얘기를 나누던 오후를 지금도 기억한다. 아버지는 의사들에 대한 믿음을 점점 잃어 가고 있었기에 뭔가 다른 의학적 견해를 바랐다. 너의 신장 기능이 저하되는 것을 나쁜 징조로 여겼기 때문이다.

의사들은 가능한 모든 치료방법을 시도하고 있지만 쉽지 않은 상황이라고 털어놓았다. 새로운 약을 쓰면 치료에는 도움이 되겠지만 신장이 크게 손상될 것이라고 했다. 하지만 약을 쓰지 않으면 신장 기능은 향상되겠지만 혈구 수치가 저절로 올라가기만을 바랄 수밖에 없었다.

아버지는 자리에서 벌떡 일어섰다. 그리고 날마다 새로운 의견을 내놓는 일관성 없는 의사들과 그들을 따라갈 수밖에 없는 자신에게 화를 냈다. 하지만 어머니는 미동도 없이 앉아 네 상황이 얼마나 급박한지 너무 늦게 깨달은 아버지를 보며 안타까워했다. 어머니의 상처는 아버지의 투철한 직업정신과 네 병에 대한 지나치게 긍정적인 태도로 인해 생긴 것이었다.

하지만 사무실 작은 책상의 녹색 전등 아래서 두 분은 같은 결론에 도달했다. 너는 열여덟 살이 다 된데다 근육이 발달했기 때문에 이미 소녀가 아닌 숙녀가 되어 있었다. 그래서 너를 성인 병동으로 옮기기로 결정했다. 힘겹던 날들에 새로운 희망이 싹텄다. 부모님도 마침내 꼭 맞는 의료진을 만났다는 기쁨에 조심스럽게 젖어 들었다.

이제 회복될 일만 남았다고 믿었다. 병동을 옮기면 너는 보다 많은 경험을 한 전문 의료진들에 의해 치료를 받게 될 터였다.

성인 병동의 분위기는 이전과 사뭇 달랐으며 훨씬 더 복합적인 치료가 진행되었다. 예전처럼 방이 따로 있었지만 부모님, 오빠 잭, 그리고 의사를 제외한 방문객들의 출입은 철저히 통제되었다.

그때 나는 다시 너의 의사가 되어야 했다, 에밀리. 함께 어울리고 수다를 떠는 친구 대신 공식적인 허가를 받은 심리치료사가 되어야 했다. 그것이 너를 웃게 할 수 있는 유일한 방법이었다.

투여 중인 진통제의 부작용 때문에 너는 거의 온종일 깊은 잠을 잤다.

'꿈속을 거니는 동안에도 우리가 곁에 있다는 사실을 알았니? 사랑과 희망이 가득 담긴 우리의 뜨거운 소망을 느꼈니?'

외부로부터의 감염을 막기 위해 설치된 유리벽이 종일 우리 사이를 가로막고 있었다. 사생활 보호를 위해 네가 그토록 고집했던 커튼도 항상 드리워졌다. 우리는 날마다 커튼으로 가려진 유리벽 너머에 앉아 있었다. 너의 상태를 확인하기 위해 의사가 들어갈 때마다 잠깐 열리는 문틈으로 우리는 정성 어린 기도와 사랑의 입맞춤을 보냈다.

얼마 지나지 않아 의사들은 어머니에게 네가 회복되기 힘들 것 같다고 말했다. 손상된 신장으로 인해 몸속에 요산이 쌓여 갔고, 그것 때문에 온몸에 독소가 퍼지고 있다고 했다.

마침내 작별을 위해 가족과 친구들을 불러야 하는 순간이 왔다. 어머니는 잠시 곁에 앉아 있었다. 그리고 애틋한 작별을 건넨 후, 너와 함께 지낸 추억이 가득한 집으로 돌아갔다.

어머니는 온종일 가족, 친구들과 함께 거실에 머물렀다. 아버지는 병실 유리문 앞에서 꼼짝도 하지 않았다. 혼란스러워 어쩔 줄 몰라 하던 그분의 모습이 아직도 또렷하다. 네가 필요로 할 때면 언제나 답을 가르쳐 주셨다던 그분이, 그저 오가는 의사들을 바라보며 멍하니 앉아 있었다.

그중에는 처음 보는 의사들도 있었고 잘 아는 의사들도 있었다. 하지만 하나같이 어둡고 알 수 없는 표정을 지었다. 모두 무대에 올랐다 내려가는 연극배우들처럼 우리 앞을 바쁜 걸음으로 말없이 지나갔다. 관객석에 앉은 사람들이 그러하듯이 우리는 무대 뒤쪽으로

가 볼 수 없었다. 그저 유리벽 너머에서 벌어지는 일들을 안타깝게 바라볼 뿐이었다.

우리는 기다리고 또 기다렸다. 문득 주위의 모든 것들이 분만실 앞의 풍경과 무척 닮았다는 생각이 들었다. 아버지와 친구들은 기도하는 마음으로 한 영혼이 새로운 세상에 무사히 도착하기를 기다려 주었다. 네 어린 시절의 아름다운 추억을 떠올리며 아버지는 눈물을 흘렸다.

에밀리, 너는 아버지가 세상에서 가장 사랑하는 사람이었다. 그리고 나는 알 수 있었다. 아버지와 네가 그토록 잘 통하는 이유를 말이다.

아버지와 너는 최고의 낙천주의자였다. 어떤 상황에서도 웃을 수 있는 사람들이었다. 하지만 나와 나란히 앉아 있는 동안에 아버지는 자신의 믿음과 자신이 믿는 신, 그리고 자신의 선택과 결정에 대해 회의하기 시작했다. 그분은 자신이 어릴 때 잘못한 어떤 일로 인해 지금 벌을 받고 있는 것이 아닐까 의문을 품기도 했다.

우리 앞을 지나가는 의사들이 도대체 왜 아무런 얘기도 하지 않는지 묻기도 했다. 그리고 아무리 바라봐도 더 이상 네 눈이 움직이지 않는다고 말했다. 그분은 알고 있었다. 네가 이제 우리 곁을 떠나고 있다는 사실을.

그리고 심폐 소생술을 거부한다는 서류에 사인을 하지 않은 것에 대해 무척 괴로워했다. 너를 다시 돌아오게 할지도 모를 마지막 기회를 앗아 가는 서류에 어떻게 사인을 할 수 있었겠니?

마침내 집중치료실 책임자가 와서 네가 심장 발작을 일으켰다고 말했다. 병원 안의 의사와 간호사가 병실로 달려가 너를 살리기 위해 필요한 모든 방법을 실시했다. 그리고 책임자가 다시 와 그 모든 과정들이 너에게 치명적일 수 있다고 말하자 아버지가 내 의견을 물었다.

나는 잠시 침묵했다. 그리고 나서 조금 전에 그분이 내게 했던 말을 상기시켰다. 나는 네가 '떠나고 있다' 고 얘기했다. 아버지는 의사들에게 모든 치료를 멈추고 이제 그만 편안히 너를 보내게 해 달라고 부탁했다. 그러자 의사들도 고개를 끄덕였다.

아버지는 마지막으로 너와 함께 있기를 청했다. 간호사들이 곁을 정리해 네가 아버지의 따뜻한 품속에서 마지막 숨을 내쉴 수 있도록 도왔다. 너를 보듬은 아버지는 연신 네 귀에 대고 무언가 속삭였다. 네가 그분을 떠나는, 그리고 우리 모두를 떠나는 바로 그 순간에 말이다.

몇 분 뒤 아버지는 자리에서 일어났다. 그리고 너 없는 그 긴 복도를 홀로 걸어갔다.

이제부터 하게 될 이야기는 어쩌면 네가 모를 수도 있겠다. 나는 병실 문 앞에 혼자 앉아 있었다. 그곳에서 너와, 우리의 우정과, 너의 부모님과, 네가 남기고 떠난 모든 것들을 생각했다.

'내일이면 고등학교를 졸업할 텐데…. 그리고 인생의 새로운 장을 알리는 졸업식에 참석할 텐데….'

그러다 문득, 퇴원하는 날에 병원 앞에서 기다리고 있을 오픈카에 네가 결국 탈 수 없게 되었다는 생각이 들어 쓸쓸해졌다.

'에밀리, 맥주는 마셔 봤니? 남자친구랑 입맞춤은 해 봤니? 가족들과 친구들에게 꼭 전하고 싶었던 작별은 마쳤니?'

이 모든 것들을 궁금해 하다가 나는 비로소 깨달았다. 이제부터 너와, 너의 즐거운 농담과, 따뜻한 미소가 없는 세상에서 살아가야 한다는 사실을.

집에 전화를 걸기 위해 간호사실로 내려갔을 때 한쪽 구석에서 겁에 질린 채 흐느끼고 있는 네 친구 한 명을 발견했다. 그 친구에게 다가가 얼마나 그곳에 있었는지 물었다.

이내 친구가 대답했다.

"온종일이요."

그리고는 슬픔에 잠긴 네 가족에게 폐를 끼치고 싶지 않아 그곳에 앉아 가만히 지켜보기만 했다며 울먹였다. 나는 그 친구에게 네가 조금 전에 세상을 떠났으며, 아버지가 곁에 계셨고, 어머니와 다른 친구들은 함께 집에 머물고 있다고 전했다. 그리고 병실 문 앞에 앉아 있다가 작별을 하고 싶은지 물었다. 네 친구는 간절한 눈빛으로 고개를 끄덕였다. 그래서 우리는 그곳에 나란히 앉아 기다리다가 아버지가 문을 나설 때 살짝 열린 문틈으로 네게 작별을 건넸다.

그해 여름, 나는 네 가족을 몇 번 찾아갔다. 대문을 열고 들어서면 집 안에는 침묵만이 가득했다. 부모님은 항상 지붕만 있는 간이 차고에서 흐릿한 텔레비전 화면을 멍하니 바라보고 있었다.

가끔 아버지는 씩씩한 걸음으로 나를 이끌며 긴 산책을 나서곤 했다. 그분은 늘 한 가지 얘기만 했다. 치료과정에서 의사들이 어떤 실수를 하지는 않았는지 곱씹었다. 아버지는 너를 잃은 슬픔에 분노했고 자신이 뭔가 할 수 있었다면 하고 간절히 바랐다. 그것이 희망적이든 불행하든 상관없이 말이다.

이와는 달리 어머니는 그저 차고 안 의자에 앉아서 추억을 되새기기만 했다. 그분은 나의 방문을 무척 반겼다. 그리고 나 또한 병을 얻기 전, 그저 귀여운 꼬마 숙녀였던 너에 대해 하나씩 알아 가는 것이 너무나 즐거웠다.

가끔씩 친구들이 들르면 우리는 네가 즐겨하던 농담을 함께 나누곤 했다. 어머니는 친구들을 무척 측은하게 여겼고 그들의 삶에 많은 관심을 보였다. 네 친구 미셸은 스페인으로 여름휴가를 떠났고 단짝이었던 사라는 가을에 대학에 입학했다.

어머니는 이들의 인생 여정을 지켜보며 네가 없는 시간들을 버텼다. 또한 이들이 들려주는 너에 관한 이야기에서 살아갈 힘을 얻었다. 소녀들끼리 나눴던 비밀 이야기들이 홀로 남은 어머니의 인생을 든든하게 지탱했다.

하지만 그분의 내면은 서서히 무너지고 있었다. 웃을 힘을 잃어갔던 것이다. 어머니는 그 여름 내내 잠잘 때를 제외하고는 절대 집 안으로 들어가지 않았다. 집 안에 있기가 너무나 고통스러웠기 때문에 날씨가 허락하는 한 밖에 머물 것이라고 했다.

어쩌면 네가 다시 돌아올 때까지 밖에서 기다릴 작정인지도 몰랐다. 너와 함께 살았던 그곳이 이제 다시는 진정한 가정으로 느껴질 수 없으리라 믿는 것 같았다.

마침내 겨울이 찾아왔을 때 나는 어머니와 사무실에서 만나기로 했다. 그분은 너에 대한 이야기를 털어놓아야 했다. 가슴속 깊이 묻어 둔 슬픔과 그리움을 꺼내야만 했다. 우리는 마주 보고 앉아 몇 시간 동안이나 너에 대한 기억들을 되새겼다. 어머니는 그 모든 추억들이 언젠가 빛이 바래고, 그러다 마침내 완전히 사라져 버릴까 봐 몹시 두려워했다. 그사이 어머니는 '만일 그랬다면'이라는 생각만 반복했다.

"만일 골수이식을 위해서 시애틀로 갔다면? 그들이 최고의 의사여서 만일 그 애를 살릴 수 있었다면? 만일 그 애를 성인 병동으로 옮기지 않고 그대로 소아 병동에 머물게 했다면? 만일 다른 방법을 선택했다면?"

어머니는 서서히 지쳐 갔다. 그칠 줄 모르는 슬픔과 끝없이 이어지는 질문에 대한 답을 찾고자 하는 열망 때문이었다. 그리고 그 모든 집착에서 벗어나고 싶어 했다. 하지만 무엇보다 먼저 '만일 그랬다면'이라는 자책에서 벗어나지 못하는 까닭을 이해해야만 했다.

나는 어머니에게 얘기했다. 어머니는 네가 살아 있는 내내 자신에게 '만일 그랬다면'이라는 질문을 던져 왔다고.

"만일 네가 추운 날에 코트를 입지 않고 학교에 갔다면? 만일 네 주머니 속에 용돈이 충분하지 않다면? 만일 네가 두려움에 떨며 엄마를 찾는다면?"

그리고 그녀는 얘기했다. 이제 세상을 떠났으니 너는 더 이상 어머니를 생각을 하지 않을 것이라고. 그럼에도 불구하고 계속 '만일 그랬다면'이라는 질문을 자신에게 던지는 것은 계속 너를 걱정하고, 네 문제들을 해결해 주는 사람으로 행동하려는 어머니의 마음일 뿐이라고.

그때, 언젠가 어머니가 한 얘기가 생각났다. 그분은 네 어머니가 된 것이야 말로 자신이 무엇보다 간절히 원했고 가장 잘할 수 있었던 유일한 일이라고 했다. 그래서 나는, 자신의 전부였던 그 역할을 포기할 준비가 안 된 것뿐이라고 어머니를 다독였다. 그분은 아직 네 어머니로 살아왔던 소임을 그만둘 수가 없었다. 아직 널 보낼 준비가 되어 있지 않았었다.

그 겨울 내내 어머니는 작품 활동과 분노에 파묻혀 살았다. 그분의 분노가 창작열에 불을 붙이는 것 같았다. 아름다운 작품들을 많이 만들어내는 것을 보면 알 수 있었다. 그 가운데 한 작품 속에는

9월 11일 테러 이후의 세상을 바라보는 그분의 시선이 몽타주 기법으로 담겨 있었다.

우리는 재능이 얼마나 건설적으로 변하는지, 그리고 고통이 어떻게 경제활동으로 변모할 수 있는지에 대한 얘기를 나눴다.

어머니는 작은 디자인 사무실을 열고 이웃집에 벽화를 그려 주는 사업을 시작했다. 그분은 그 일이 외로움을 덜어 줄 뿐만 아니라 위안이 된다고 털어놓았다. 항상 마음속 깊은 곳에 머물고 있는 너와 함께 벽화를 그린다고 했다. 그러는 동안에는 마음이 산만해지지도 괜한 수다를 늘어놓지도 않는다고 했다. 그저 벽에 그리는 그림과 가슴속에 자리 잡은 슬픔만이 자신과 함께한다고 했다.

나는 그것이 어머니에게 많은 도움이 되리라고 믿었다. 그것을 통해 너와 연결된 느낌을 갖는 것도, 그리고 어느 정도 바깥세상과 소통하는 것도 가능해질 테니까.

네가 세상을 떠난 지 1년이 되어 가자 어머니는 그날을 어떻게 기념해야 좋을지 몰라 고민에 빠졌다. 심지어 그날을 기리는 것이 가능할지를 자신하지 못할 정도였다. 그분은 6월 27일이 다가오는 것 자체가 무척 고통스럽다고 얘기했다.

날짜가 가까워질수록 어머니는 점점 불안했고 자꾸 세상과 부딪혔다. 그분은 네 친구들과 너를 기억하면서 하루를 함께 보낼지, 그저 가족들과 함께 조용히 지낼지, 너에 대한 소중한 추억이 가득 담긴 유품 상자와 홀로 보낼지를 두고 고민을 거듭했다. 결국 그분은 마지막 순간에 너를 위한 사랑의 모닥불을 피울 생각을 해냈다. 그리고 너를 기억하는 모든 사람을 초대했다.

그날 나는 차를 몰고 너의 집으로 갔다. 앞마당에서는 너를 위한 축제가 벌어지고 있었다. 이제 대학 1학년이 된 친구들이 한 명도 빠짐없이 참석했고, 마당 한쪽에 마련된 탁자와 의자에 둘러앉아 맥주를 마시면서 네가 제일 좋아하던 음악을 듣고 있었다.

미셸은 스페인에서 돌아왔고 친척들도 모두 자리를 함께했다. 사촌 동생들은 환하게 웃으며 비치볼을 던지며 놀았고, 오빠 잭은 새로 사귄 여자친구와 함께 왔다. 그리고 모두들 네게 쓴 편지와 메모를 가져왔다. 한 사람씩 차례로 마당 한가운데 만들어진 커다란 모닥불 속으로 사랑의 편지를 던져 넣었다. 그리고 하늘을 향해 피어오르는 그 환한 불꽃이 우리의 마음을 네게 전해 주길 기도했다.

나는 정말 궁금하다.

'에밀리, 우리가 보낸 그 편지들을 모두 받아 보았니? 너를 사

랑하고 네 삶을 기억하는 사람들 모두가 그 자리에 있었다는 걸 알았니?'

네가 우리 곁을 떠난 지 꼭 2년이 되는 오늘, 나는 다시 편지를 쓰고 있다. 세상을 떠난 뒤에도 너는 계속 가르침을 준다. 덕분에 지금 이 순간에도 세상 속에서 내가 머물러야 하는 곳과 내 자신에 대해 배워 나간다. 바로 여기에 가장 뼈아픈 교훈이 깃들어 있다.

너의 첫 번째 추도식이 끝나고 몇 주 뒤에 나는 갑작스럽게 그 고장을 떠나게 되었다. 그래서 어머니에게 장거리 전화를 걸어 그 주에 만나기로 한 약속을 취소했다. 그리고 돌아오는 대로 다시 약속을 잡자고 했다.

하지만 나는 그분에게 다시 전화를 하지 않았다. 그리고 그분의 전화를 받지도 못했다. 시간이 흐를수록 낯설고도 모순된 감정에 휩싸였다.

'나는 왜 전화하지 않았을까? 네 가족과 너무 가까워졌던 것일까? 네 어머니의 고통을 객관적으로 바라볼 수 있는 능력을 잃어 갔던 것일까? 지쳐 갔던 것일까?'

아마도 나의 내면이 어머니와의 만남을 통해 상처받았던 모양이다. 어머니와의 만남을 끝내야만 이를 극복할 수 있다고 생각했던 것 같다.

에밀리, 나는 네 친구가 되었다. 그리고 어쩌면 어머니 또한 나를 친구로 여겼는지 모른다. 가장 힘겨운 시간에 알게 된 친구와 계속 만난다는 것 자체가 그분에게는 너무나 두려운 일이었는지 모른다.

어쩌면 어머니는 나의 처지와 마음이 허락하는 것 이상의 무엇을 바랐는지도 모른다. 나는 이제 우정이 큰 아픔으로 남을 수도 있다는 사실을 안다. 때로 사람은 아픔을 감춘다는 사실을, 그리고 나 또한 그리했다는 것을 이제야 깨닫는다.

나는 네가 떠나고 2년이 흐른 지금까지도 가끔씩 슬프고, 부끄럽고, 안타깝다. 부모님을 더 나은 길로 이끌어 드리지 못해서 부끄럽고, 이제 더 이상 너와 함께할 수도, 가족들을 만날 수도 없어서 안타깝다. 어쩌면 이 편지가 나를 어떤 해답에 한 걸음 다가서게 만들지도 모르겠다.

사실, 부디 그렇게 되기를 간절히 빌고 있다. 편지를 쓰면서 비로소 네가 얼마나 큰 가르침을 주고 떠났는지 깨닫는다. 그리고 우리의 우정이 절대 헛된 것이 아니었음을 확신한다. 우정은 분명 선물이다. 그러니 우리는 서로에게 진실한 선물을 준 셈이다.

나는 이제 상처받은 영혼을 치료하기 위해서는 기꺼이 사랑해야 한다는 사실을 믿는다. 그 사랑으로 인해 아프고, 안타깝고, 슬픔에 잠길지라도….

추신

사랑하면 그것을 상실했을 때의 고통도 그만큼 커진다. 크나큰 슬픔을 느낀다는 것은 우리가 지금 누군가를 사랑하고 있다는 증거며 이로 인해 치러야 하는 대가다. 진실로 사랑한다면 아무리 고통스러운 순간에도 세상을 향해 마음을 열어야 한다. 그렇게 해야만 세상이 우리에게 가르쳐 주는 교훈을 온전히 받아들일 수 있기 때문이다.

자신이 보잘것없게 느껴질 때 세상은 우리가 가장 위대한 존재라는 사실을 깨닫게 한다. 모순적이지만 언제나 그렇다. 자신을 한없이 작고 부끄러운 존재로 여기거나 스스로를 학대하고 소모해 버리기로 마음먹은 바로 그 순간에 진정으로 성장할 수 있는 기회가 온다.

처음으로 상실과 아픔을 경험하게 되면 우리는 순식간에 무기력해지고 만다. 세상이 휘두르는 거센 주먹 앞에서 감히 일어나 싸울 생각조차 못한다. 그럼에도 불구하고 언젠가는 마음속 깊은 곳에서 살고 싶다는 감정이 다시 솟구치게 된다. 지금은 도저히 믿기 힘들겠지만 그런 날은 반드시 온다.

예후다 아미하이의 말처럼 우리는 살아 있는 동안 계속 항구를 건설해 나가야 한다. 비록 깊고 깊은 바닷속으로 배가 가라앉아 버리더라도 그렇게 해야만 한다.

그뿐만이 아니다. 자신의 항구가 어떤 재료들로 만들어지는지 늘 관찰하고 그 본질이 무엇인지 살펴봐야 한다. 자신의 항구를 가만히 들여다보면 얼마 지나지 않아 깨닫게 된다. 지나온 사계절의 모습을 그대로 간직하고 있는 나이테처럼 우리 항구의 저 깊은 곳에도 사랑하는 사람과 습관처럼 반복해 온 세월의 흔적들이 남아 있다는 사실을 말이다.

함께 갔던 장소와 제일 좋아했던 음식, 머리카락에서 풍기던 고운 향기와 즐겨 부르던 노래가 모두 그곳에 고스란히 담겨 있는 것이다. 현관문을 열고 들어서던 환한 얼굴도, 전화를 걸어 사랑한다고 속삭이던 음성도, 밝은 미소를 머금은 사진도, 항구의 한쪽을 든든하게 받치고 있을 것이다.

그러나 이것이 전부가 아니다. 당신의 항구에는 우스운 농담을 하거나 작은 소망을 빌던 순간에 느꼈던 기쁨들도 함께 자리한다. 당신을 짓누르는 충격과 고통의 짐 바로 아래에서 애타게 당신의 눈길을 기다리는 것들이 바로 그 희망과 바람이다. 그러니 마음을 열어 이러한 것들이 당신을 향해 두 손 번쩍 들게 해야 한다. 충격과 고통의 짐을 떨쳐내고 불쑥 고개를 내민 희망과 바람이 항구의 따스한 햇살을 만끽할 수 있도록 해야 한다. 그것을 가장 큰 힘으로 삼아야 한다.

하지만 슬픔과 고통을 견디는 데 필요한 힘은 직선처럼 일차원적이지 않다. 그보다는 오히려 상실, 분노, 불신, 그리고 희망이 반복되는 나선형 계단의 모습을 더 닮았다. 때로는 슬픔을 이겨내기 위해 우리는 집을 다시 칠할 페인트 공을 고용하거나 새 옷을 사는 데 엄청난 돈을 쏟아붓는다.

그러다가 문득 중얼거린다.

"심장마비라도 걸렸으면 좋겠어. 지금 이 순간의 괴로움을 잊을 수만 있다면."

그때 우리는 다른 모든 사람을 둘러싸고 있는 질서로부터 격리된 것 같은 느낌을 받는다. 그러다 자신이 두 가지 힘의 팽팽한 대결에서 생겨난 희생양이라는 사실을 깨닫는다. 살고자 하는 본능적인 의지와 눈앞에 펼쳐진 잔인한 현실에 대한 인식이 바로 그것이다.

우리는 고통이 사라진 뒤에도 여전히 마음 한쪽에 남아 있는 슬픔을 털어내지 못한다. 부모의 눈길을 피해 곁눈질을 하며 앞을 향해 조심스럽게 걸음을 옮기면서도 다른 한쪽 눈으로는 뒤에 앉아 있는 부모의 존재를 계속 확인하는 어린아이처럼 말이다.

가족과 친구들은 우리가 두려움으로 인해 절망하는 것을 허락하지 않는다.

우리는 울부짖는다.

"이제 모든 것이 끝나 버렸어!"

하지만 친구들은 우리가 오직 행복을 통해서만 치유될 수 있다고 믿는다. 그들은 우리가 하루빨리 전처럼 밝은 모습으로 돌아오기만을 바란다.

그들은 애원한다.

"어서 털고 일어나야지."

"시간이 지나면 다 괜찮아질 거야."

"그 사람, 더 좋은 곳으로 갔을 거야."

그들은 부서진 우리의 마음을 고치고 싶어 한다. 우리를 치유하는 것이 그들의 책임이 아니라는 사실을 모른다. 상실의 고통으로 인해 우리 인생이 완전히 바뀌었음을 이해하는 사람은 거의 없다. 한때는 너무도 편안하게 산책을 함께 즐기던 친구들이 이제는 완전히 낯선 사람처럼 느껴진다. 그들이 만일 우리가 지금 바라는 것이 '털고 일어나는 일'이 아니라는 사실을 알아준다면, 우리의 인생이 완전히 변해 버렸으며, 때문에 결코 전과 똑같은 사람일 수 없다는 사실을 알아준다면, 그럴 수만 있다면 우리는 다시 웃을 수 있다. 물론 전과 같은 모습은 아닐지라도 말이다.

우리는 앞으로도 계속 춤추고 미소 지을 것이다. 친구들과의 만남도 이어 갈 것이다. 하지만 내면 깊숙한 곳에는 언제나 슬픔이, 자신만의 가슴 저미는 아픔이 자리하고 있을 것이다. 그러니 겨울이 되어 밤이 일찍 찾아오면 한없는 슬픔에 젖어 들기도 할 것이다.

자연은 우리의 내면과 같은 울림을 가지고 있다. 고독과 황량함의 장막 안에서 우리들은 안전함을 느낀다. 하지만 봄이 오고 여기

저기서 꽃들이 피어나 한때 잠들어 있던 것들이 다시 부활하는 모습을 눈으로 직접 확인하면, 우리는 봄을 적으로 여기게 된다.

죽음의 기운에 휩싸여 있을 때는 자신을 비추는 따스한 봄 햇살이 차라리 비웃음처럼 느껴지는 까닭이다. 나름대로 즐거운 곡조의 휘파람을 나지막이 불다가 문득, 온 세상에 가득한 생명의 향기에 대적할 수 없음을 깨닫는다. 누군가 말했듯이 "자연이 베토벤 교향곡을 지휘하는 동안 우리는 젓가락 행진곡을 연주한다"는 사실을 발견하게 되는 것이다.

우리는 슬픔을 있는 그대로의 모습으로 이해해 줄 친구들을 발견하는 방법을 배운다. 찾아보면 우리와 같은 사람들을 돕기 위해 만들어진 단체들이 많다. 남들과 일상적으로 얘기할 기회라는 점에서 이러한 단체들은 많은 도움이 된다. 그 안에서는 거리낌 없이 울고 웃을 수 있다. 눈물에 잣대를 가져다 대는 사람도, 웃음에 의문을 품는 사람도 없는 까닭이다.

그곳에서는 우리가 일상의 사소한 일들에도 좌절하고, 당황하고, 낙담한다는 사실을 인정할 수 있다. 개수대 색깔이나 새 차에 난 작은 흠집과 같이 다른 사람에게는 무척이나 신경 쓰일 것들이 우리에게는 더 이상 아무렇지도 않은 일들이 되고 만다. 팔이 부러진 아이를 데리고 응급실로 달려가는 일조차 더 이상 우리를 괴롭히지 못한다.

이러한 것들은 언젠가 때가 되면 다시 나아지게 마련임을 잘 알고 있기 때문이다. 우리는 다른 사람의 슬픔에 깊숙이 발을 들여놓고 싶어 하지 않는다. 우리 모두는 불확실한 길을 따라 여행하는 여행자다. 지금 곁에서 나의 얘기에 사려 깊게 귀 기울이며 슬픔을 위로하는 이들도 저마다 자기만의 이야기를 간직하고 있음을 우리는 잘 알고 있다.

사실 우리들 대부분은 자신이 짊어진 짐에 대한 이야기를 풀어놓을 준비가 되어 있지도 않으며, 그리할 수도 없다.

세상을 두 부류의 사람으로 나누게 될 때가 있다. 막연히 우리가 고통을 '극복'하기를 바라는 사람들과 고통을 '겪어내야' 하는 것으로 이해하는 사람들로 말이다.

물론 후자의 경우에 속하는 이들은 아주 드물다. 하지만 무의식적이고 강박적이기까지 한, 고통이라는 어둠을 통과해야 하는 까닭을 이해해 주는 그들이 곁에 있을 때 우리는 큰 위안을 얻는다. 그들에게 상실에 대한 이야기를 털어놓는 동안 자신이 경험에서 오는 아픔을 지배하기 시작했다는 사실을 깨닫게 된다.

자기 안의 이야기를 꺼내 놓을 때 비로소 과거의 인생과 작별을 고하는 동시에 새로운 인생과 만나게 되기 때문이다. 또한 상황을 축소하지 않고 있는 그대로 받아들이고 이해하는 자신의 모습을 발견하게 된다.

이것이 전부가 아니다. 미처 깨닫지 못하는 사이에 우리는 부정적인 생각을 마음에서 조금씩 베어낸다. 그리고 인생의 길목에 버티고 서 있던 슬픔에 걸려 주저앉는 대신 마침내 슬픔을 길동무 삼아 길고 긴 인생길을 힘차게 헤쳐 나갈 수 있게 된다.

모든 슬픔을 지나온 지금, 우리의 가슴속에는 감사의 마음이 남았다. 소중한 사람과 함께 나눈 깊은 사랑과 아름다운 삶에 감사하다. 그들과 함께하는 인생을 통해 배울 수 있었던 모든 것이 감사하다. 그리고 지금 우리는 그들이 세상을 떠나는 순간까지 가르쳐 주려고 했던 교훈까지도 감사의 마음으로 배워 가고 있다.

진실에 대한 교훈

내일 우리는 두 팔을 더 멀리 뻗고서 더 빨리 달릴 것이다. 그래서 우리는 계속 노를 저어 간다. 물살을 거슬러서, 끊임없이 과거를 곱씹으면서. | F. 스콧 피츠제럴드 |

신의 선물이었던 대니에게

우리는 모두 위태로운 인생길을 걷는다. 하지만 앞에 무엇이 놓여 있든 용감하게 맞선다. 우리는 자신만의 길을 찾고 새롭고 자유로운 곳에 닿기 위해 몸부림친다. 그러면서 동시에 부모님과 스승, 영웅들의 발자취를 따라간다. 그리고 마침내 새로운 장소에 도착했을 때 전에도 와 본 곳이라는 사실을 문득 깨닫는다. 과거로부터 이어진 영상이 지금 이 순간 다시 재생되고 있음을 알게 된다. 마치 태고의 자아가 녹화된 비디오테이프처럼 말이다.

'이것이 자연스러운 삶의 과정일까? 가족과 개인을 막론하고 우리는 모두 자기도 모르는 사이에 세대를 거쳐 이어져 내려온 지도 한 장을 간직하고 있는 것일까? 이미 머물렀던 곳으로 우리를 다시 이끌어 줄 바로 그 지도를?'

이 질문들은 너의 영감을 불러일으키기에 충분할 것 같다. 질병과 절망으로 가득했던 네 길이 어느 정도는 미리 결정된 것처럼 보였기 때문이다. 너를 간호하는 과정에서 가족들이 내려야 했던 수많은 결정들도 네가 태어나기 전에 미리 써 둔 대본의 한 페이지 같았다.

너는 젊은 부모님 슬하에서 삼 남매 중 둘째로 태어났다. 어머니는 너를 '신이 주신 선물'이라고 불렀다. 가정에서의 네 위치는 반대와 도전으로 정의될 수 있었다. 넌 금발 머리였고 다른 두 형제들은 갈색 머리였다. 그리고 너는 얌전하고 느렸으며, 종종 겁을 잘 먹었다. 하지만 네 형제들은 소란스러웠고, 대담했으며, 무엇이든 잘했다. 넌 어머니가 제일 아끼는 자식이었지만 아버지의 골칫거리였다. 그리고 형제들에게는 마음 한 구석의 짐이었다.

어머니가 말했다.

"제 아들은 좀 달라요. 머리는 좋지만 세상 물정을 모르거든요. 성장이 좀 늦다고 하네요. 정말 그런 건 아닌데 지난 수년 동안 모든 사람들이 그렇게 말하더군요. 제 아들의 성장이 늦다고요."

그리고 나지막이 덧붙였다.

"하지만 녀석을 낳은 것은 제가 유일하게 잘한 일이랍니다."

우리의 우정은 아무런 예고나 준비 없이 인생이 내게 준 커다란 선물 중 하나였다. 처음부터 너를 사랑하기로 마음먹었던 것은 아니다. 병원의 긴 복도에서 마주칠 때마다 너는 환하게 미소 지으며 인사를 건넸다.

"안녕하세요, 노먼 선생님."

하지만 나는 가끔씩 아무런 대답도 하지 않았다. 옆으로 지나가는 너를 미처 인식하지 못할 때도 있었기 때문이다. 하지만 그 일이 끊임없이 되풀이되는 동안 네가 건네는 인사는 어느새 내 하루의 일부가 되었다. 그리고 날이 갈수록 다리를 약간 절뚝이고 발음이 조금 분명치 않은 얌전한 열여섯 소년에 대해 감탄하기 시작했다.

'나 또한 다른 사람들과 같은 시선으로 너를 바라봤니? 어머니의 얘기처럼 네 일그러진 겉모습은 친구가 그리워 눌러 쓴 가면이었니?'

아마도 그 때문에 암과 싸우기 시작했을 무렵의 네게 다가가지 못했는지도 모르겠다. 치료에 대한 환상에 사로잡힌 나머지 네 앞에 놓인 고통과 진실을 놓쳐 버렸는지도 모른다. 하지만 의사들이 빠르게 진행되는 네 병의 심각성에 대해 논의할 때, 나는 부드러운 미소의 소년과 친구가 되어 버렸다.

비밀리에 암 연구팀이 네게 아직 효과가 있을 만한 의학적인 선택안을 놓고 고심에 고심을 거듭했다. 화학치료를 계속하는 것은 이미 약해질 대로 약해진 네 몸에 치명적일 수 있었다. 하지만 이를 그만둘 경우, 일시적이나마 호전된 네 상태가 다시 나빠질 수도 있었다. 상태가 호전되지 않으면 너는 골수이식을 받을 수 없었다. 그러면 생존을 위한 최후의 기회를 놓치게 되는 것이었다.

한 의사가 입을 열었다.

"누군가 부모님에게 말씀 드려야 합니다. 이것이 마지막이라는 사실을 이해할 수 있도록 우리가 그분들을 도와야 해요."

나는 네 침대 옆으로 다가갔다. 누군가 우리의 우정을 흔들어 대고 있다는 생각이 들었다. 너는 죽어 가고 있었지만 그런 사실을 인식하지 못했다. 그저 병원 선물가게에서 새로 구입한 DVD에 대해 얘기하고 싶어 했다. 너는 삶의 소소한 물건들에 열중했다. 책과 비디오게임, 텔레비전 쇼 프로그램 같은 것에 말이다.

친구가 된 우리는 이 세상에서 제일 좋아하는 텔레비전 쇼와, 좋아하는 것과 싫어하는 것들에 대해 얘기했다. 이제 그만 방을 나서려고 자리에서 일어서자 네가 나를 바라보며 입을 뗐다.

"난 노먼 선생님이 좋아."

넌 누군가가 우리와 함께 있는 것처럼, 또 다른 이에게 나에 대해 말하는 것처럼 얘기했다. 이렇게 우리의 관계가 시작되었다. 그리고 그 첫 번째 대화를 통해 나는 마침내 일그러진 너의 육체 안에 깃든 성품을 발견했다.

병실에서 나오던 길에 어머니와 마주쳤다. 그분은 병원 복도의 분수대에서 나를 기다리고 있었다. 이후에 우리의 공식적인 만남의 장소가 된 곳이었다. 어려운 결정을 내려야 할 때 우리는 그곳에서 지친 걸음을 잠시 쉬어 갔다.

어머니가 입을 열었다.

"제 아들이 죽어 가고 있어요. 저도 그걸 알아요. 항상 의사 선생님들한테 부탁했어요. 아무런 희망도 없는 순간이 오거든 꼭 얘기해 달라고요. 그리고 오늘, 아들 녀석을 골수치료실로 보낼 수 없다고 말씀하시더군요. 그분들은 이제 제 눈을 똑바로 쳐다보지 않아요. 아무런 희망도 없다는 사실을 저도 알아요. 이미 마음의 준비를 끝냈어요. 전 누구에게나 정직하게 대해요. 선생님도 벌써 저에 대해 알고 계실 거예요. 저는 의사 선생님들이 제 눈을 똑바로 쳐다보지 못하는 날이 올까 봐 항상 두려웠어요. 그리고 지금, 그런 일이 일어나고 말았어요. 어떻게 대니에게 알려 줄 계획인지 남편과 함께 의사 선생님들에게 물었어요. 그런데 아무것도 얘기해 주지 않을 생각이라고 하더군요. 그러고는 언젠가는 녀석 스스로 알게 될 거라고 했어요. 저희가 왜냐고 묻자, 알게 되면 희망을 잃고 이내 포기해 버릴지도 몰라서 그런다고 했어요. 그러면 죽음을 더 앞당기게 될지도 모른다고요."

어머니가 나를 바라보며 말을 이었다.

"노먼 선생님, 저는 평생 동안 의사 선생님들 말씀에 귀 기울여 왔어요. 그래서 지금도 그렇게 하려고 최선을 다하고 있어요. 하지만 아무래도 받아들이기가 힘드네요. 저는 항상 아들에게 솔직했어요. 우리는 언제나 진실을 강조했어요. 제일 처음 대니에게 암에 걸렸다고 말해 준 것도 바로 저였어요. 아들 녀석에게 골수이식 수술을 받아야 한다고 얘기한 것도, 수술이 실패로 돌아갔고 병이 다시 재발했다고 알려 준 것도 저였고요. 그리고 지금 그 녀석이 죽어 가요. 그런데 대니가 그걸 알면 안 되는 건가요? 제가 말하지 않을 수 있을까요?"

나는 가만히 귀 기울이기만 했다. 어머니에게는 풀어놓아야 할 이야기가 가슴 가득 차올라 있었고 그걸 들어줄 누군가가 절실하게 필요했으니까. 그분은 네 삶에 대한 증인이 되어야 했고 진실을 알려야 했다. 네가 나아지지 않고 있다는 사실을 말이다.

어머니는 희망의 가면을 쓰고 살아가는 것에 익숙하지 않았다. 더구나 지금은 너에게 거짓말하는 것이나 다름없었다. 그분은 너를 자랑스럽고 정직하게 키웠다. 그리고 비록 네가 죽어 가고 있다고 할지라도 그러한 가르침을 멈추지 않기로 결심했다.

"제게는 세 아들이 있어요. 대니의 두 형제는 모든 것을 갖췄지요. 녀석들은 잘생겼고 운동도 잘해요. 또 아주 똑똑하지요. 하지만 대니는 성장이 늦어요. 물론 선생님도 아시다시피 정말 그런 건 아니지만요. 그건 모두 대니의 반 학생들이 하는 말일 뿐이에요. 그런데 정말 가슴이 아픈 건 대니에게 친구가 단 한 번도 없었다는 거예요. 아들 녀석은 어른들과 잘 지내요. 어른들은 모두 대니를 너무너무 좋아해요. 그들은 제가 사랑하는 대니의 진정한 모습을 보니까요. 하지만 아이들은 심술궂을 수 있어요. 그래요. 녀석들은 모두 그랬어요. 대니는 제게 와서 그 녀석들이 자신을 어떻게 부르는지, 뭐라고 말하는지 얘기하곤 했어요. 저는 대니의 친구예요. 가장 친한 친구지요. 저는 항상 대니에게 말해요. '너는 나의 가장 좋은 친구란다, 대니. 포기하지 마, 대니. 계속 노력해. 나를 위해서 열심히 노력해 주렴. 왜냐하면 나한테는 네가 꼭 필요하니까. 너 없이는 살아갈 수가 없으니까. 대니, 너는 나의 전부야' 라고요."

어머니는 절박하게 말했다. 그분은 너의 짧은 생애를 힘겹게 추억했다. 그리고 잠시 생각에 잠겼다. 때문에 잠깐 이야기가 끊겼지만 다시 말을 이었다.

"가족들에게 말했어요. 대니의 형제들도 알고 있고요. 사람들은 대니를 똑바로 바라보면서 거짓말을 해요. 대니는 언제 골수치료실로 다시 돌아갈 수 있는지 사람들에게 물어요. 그러면 모두 말하지요. '아마 다음 주쯤이면' 이라고요. 언제까지 이런 일을 계속할 수 있을까요? 저는 대니도 알기를 원해요. 다만 어떻게 말해야 좋을지 모를 뿐이에요. 저는 대니가 선생님과 대화를 나눌 때 자기가 죽어간다는 사실을 알고 있다는 걸 넌지시 비추길 바랐어요."

나는 그동안 네가 자신의 운명을 아는 것 같은 얘기는 한 적이 없었노라고 말했다. 하지만 매일 찾아가 네가 하는 이야기에 좀더 귀 기울이겠다는 말로 어머니를 안심시켰다. 그리고 힘겨운 여정을 가까이에서 지켜보는 사람으로서 이야기 속에서 네 소망과 두려움을 읽어낼 수 있기를 빈다고 덧붙였다.

그리고 정말로 네 가슴속에는 아직 해야 할 이야기들이 남아 있었다. 아마도 늘 외톨이로 살아야 했기 때문이었을 것이다. 너는 마치 게임을 하듯 세상을 바라보았다. 그래서 규칙과 변화에 대한 얘기를 많이 했다.

다음 날 아침 일찍 내가 네 침대 옆에 서자, 다시 너의 이야기가 시작되었다.

내가 물었다.

"오늘 기분은 어때, 친구?"

그러자 네가 대답했다.

"어디 장례식에 가세요?"

"아니. 왜?"

네가 다시 물었다.

"어디 장례식에 가세요?"

내가 말했다.

"아니, 친구. 오늘 기분은 어때?"

네가 대답했다.

"아… 저는 선생님이 장례식에 가야 한다고 말할 거라 생각했어요."

내가 분명한 목소리로 말했다.

"아니야."

"아… 다행이네요. 선생님이 장례식에 가야 했으면 전 슬펐을 거예요."

그러고 나서 네가 울먹였다.

그것이 바로 네 이야기였음을 이제야 나는 깨닫는다. 너는 가슴 속 이야기를 통역해 줄 사람으로 나를 선택한 것이었다. 나는 네 말에 어떻게 반응해야 할지 몰라 가만히 옆에 서 있었다. 무거운 병실의 어둠 속에서 너는 산소호흡기에 단단히 연결되어 있었다. 너는 침대에 기댄 채로 그 산소호흡기를 마이크처럼 사용해 말을 이었다.

너는 마음속으로 상상했던 것들을 하나씩 끄집어냈다.

"케이크를 만들었어요."

나는 네 얘기를 따라했다.

"케이크를 만들었구나."

"네."

"요리를 할 수 있는 줄 몰랐는걸."

네가 대답했다.

"네."

"누구를 위한 거야?"

"저를 위한 거예요."

"뭘 축하하기 위해서지?"

"저도 몰라요."

그러고는 갑자기 네가 울먹이기 시작했다.

"케이크 위에 뭐라고 썼는데?"

네가 울음을 삼키며 말했다.

"'대니를 위해서.' 그게 다예요."

"그냥 너를 위해서라고?"

"네."

"무슨 맛이야? 초콜릿? 딸기?"

"초콜릿이랑 바닐라요."

"케이크 위에 촛불도 꽂혀 있니?"

"그럼요."

내가 물었다.

"몇 개나?"

"많이요."

"그 케이그는 누가 먹을 거야?"

"아무도요. 저하고… 선생님만 빼고요."

그 순간 내 마음이 네게 가 닿았다는 사실을 깨달았다. 우리는 은유를 통해 대화를 했다. 그리고 다행스럽게도 충분히 주의를 기울이기만 하면 네가 꼭 듣고 싶어 하는 메시지가 무엇인지 짐작할 수 있었다.

"너하고 나만, 대니?"

"네. 대니하고 노먼 선생님만이요. 하지만 늦기 전에 오시는 게 좋을 거예요."

내가 질문했다.

"왜 그렇게 서둘러야 하는 거니?"

네가 대답했다.

"선생님이 도착할 때쯤에는 케이크가 없을지도 모르거든요."

"왜 없는데?"

네가 말했다.

"제가 몽땅 먹어 치울지도 모르니까요. 하지만 저 혼자 다 먹고 싶지는 않아요."

"여기가 어디니, 대니? 우리가 지금 어디 있는 거야?"

"우리 집이요. 집 안에 있어요. 전 여기 살아요. 이곳을 얼른 말끔히 치워야 해요. 제가 온통 엉망으로 만들어 놨거든요."

"엉망으로 만들었다고?"

"네."

"어디를?"

"부엌이요. 어서 그릇들을 깨끗하게 닦아야 해요. 스토브도 얼른 꺼야 해요."

내가 질문했다.

"어떻게 하면 나도 정리를 좀 도울 수 있을까? 내가 도울 방법이 있니?"

바로 그때, 네 이야기의 한가운데로 간호사들이 들어왔다. 약이 담긴 수레가 요란스러운 소리를 냈다. 그들은 머리 위쪽 전등을 켜고 블라인드를 걷어냈다.

간호사가 입을 열었다.

"상태가 어떤지 확인할 시간이야."

나는 희미하게 반짝이는 꿈에서 깨어나 눈부신 현실로 돌아왔다. 내가 큰 소리로 말했다.

"좀 기다려 줄 수 없나요?"

"죄송하지만 힘들겠는데요."

간호사가 대답했다. 당연한 일이었다. 그것이 바로 그분이 해야 할 일이었으니까.

그곳에 서 있는 동안 네가 받는 치료의 모순 앞에서 나는 혼란스러웠다. 네 육체는 점점 쇠약해지고 있었다. 우리 모두 이를 알고 있었다. 하지만 네 정신은 점점 더 강해졌다. 너는 항상 풀어놓아야 할 이야기와 전해야 할 메시지를 간직하고 있었다. 그리고 네 영혼은 육체의 고통을 통해 오히려 강인해졌다. 나는 간호사가 병실을 떠날 때까지 기다렸다. 그러고 나서 다시 블라인드를 치고 불을 껐다. 그리고 네가 다시 침대 안에 자리를 잡는 것을 지켜보았다.

네가 물었다.

"우리가 지금 어디 있나요?"

미소를 지으며 나는 우리가 이야기를 그쳤던 때를 되살렸다. 너에게 편지를 쓰는 지금도 나는 너의 결심에 놀란다. 네게는 해야 할 일들이 있었고 그 일들을 마무리하기 전까지는 멈추지 않았다.

나는 가만히 미소를 지었다.

"우리는 부엌에 있었어. 서두르지 않으면 케이크가 없을지도 모른다고 네가 말했지."

네가 대답했다.

"네, 맞아요. 선생님은 거기 계셨지요."

"내가 거기 있어?"

"네. 그리고 미녀도 한 사람 있어요. 나를 좋아해요."

"네가 매력적인 사람이라는 걸 그 미녀가 알아챘구나. 그렇지, 대니?"

누군가 너를 원하고, 누군가로부터 사랑받는 꿈을 꾸다니, 나는 정말 기뻤다.

네가 말을 이었다.

"그리고 미녀는 선생님에게 호감이 있어요. 선생님을 좋아해요."

내가 물었다.

"나를 좋아한다고?"

"네. 미녀는 선생님이 매력적이라고 생각해요. 미녀는 선생님과 결혼하고 싶어 해요. 나는 선생님에게 친절하니까 미녀를 선생님에게 양보해요. 나는 선생님이 미녀와 만나는 걸 허락해요."

"왜지, 대니?"

"왜냐하면 미녀가 선생님을 좋아하고, 선생님도 미녀를 좋아하니까요."

'너만의 방식으로 어머니를 내게 부탁한 거니? 아니면 부모님의 결혼생활에 대해 뭔가를 말해 주려고 시도한 거니?'

나는 다만 네가 '자신의 혼란'에 대해 말하려고 애쓰는 중이라고 짐작했다. 그래서 모든 것을 이해할 수 있기를 빌면서 조용히 앉아 있었다.

네가 다시 입을 열었다.

"노먼 선생님, 저 이제 피곤해요. 어쩌면 내일 좀더 얘기할 수 있을지 몰라요."

"좋아, 대니. 내일 하자. 지금은 푹 자렴."

나는 어두운 병실에서 형형색색으로 칠해진 복도로 빠져나왔다. 분수 옆을 지나는데 어머니의 모습이 눈에 들어왔다. 그분은 혼자 깊은 생각에 잠겨 있었다. 문득 나를 본 어머니가 입을 뗐다.

"의사 선생님들과 얘기를 나눴어요. 남편과 함께요."

그분은 자신의 두려움과 앞으로의 계획에 대해 설명할 적당한 말을 찾기 위해 고심하고 있었다. 나는 가만히 기다렸다.

어머니가 다시 말을 이었다.

"우리는 대니에게 사실을 말하지 않는 이 상황이 너무 불편하다고 말했어요. 그러자 한 분이 오늘 밤이 대니에게 고비가 될 거라고 하더군요. 대니가 무사히 오늘을 넘길지 여부는 곧 알 수 있을 거라고 했어요. 그러니까 앞으로 24시간 동안은 그 애에게 아무 말도 하지 말라고 당부하더군요. 하지만 전 그럴 수가 없어요. 저는 대니가 알기를 원해요. 어쩌면 마지막 소원이 있을지도 모르잖아요. 전 제 아들을 잘 알아요. 녀석은 집 밖을 나서는 것을 별로 좋아하지 않아요. 그러니 집으로 가고 싶어 할지도 몰라요. 아니면 우리한테 하고 싶은 얘기가 있는데 우리가 기회를 뺏는 걸지도 모르잖아요. 그래서 저희는 오늘 밤 대니에게 얘기해 주기로 결심했어요."

조심스럽게 나는 너와 병실에서 함께 나눈 대화에 관해 말했다. 케이크와 혼란에 대한 너의 이야기를 한마디도 빠짐없이 모두 전했다. 무너져 내린 가슴 깊은 곳에서 기쁨과 슬픔이 교차하는 가운데, 그분이 미소를 지으며 고개를 숙였다.

"녀석은 알고 있어요."

그분이 울먹였다.

"선생님도 느끼셨겠지만 녀석은 분명 알고 있어요. 그리고 그것에 대해서 대화하고 싶어 해요. 대니는 지금 혼란스러워요. 그래서 그것에 대해 얘기하고 싶은 거예요."

그 어떤 어머니도 선뜻 지고 가기 힘든 짐을 내려놓고, 그분은 자신의 계획에 내해 나와 상의했다.

"이렇게 말하지는 않을 거예요. '대니, 넌 죽어 가고 있어.' 그 대신 골수치료실로 돌아갈 수가 없게 되었다고 얘기하겠어요. 시도해 볼 수 있는 방법이 아직 남아 있지만, 그것이 골수이식은 아니라는 말도요. 그리고 만일 대니가 '제가 죽나요?' 라고 물으면 '죽을지도 몰라, 대니. 그래, 죽을지도 몰라' 라고 대답할 거예요."

넉넉하고 따뜻하게 나를 바라보는 어머니의 두 눈에는 눈물이 가득했다.

그분이 말을 이었다.

"제 아들 녀석과 얘기를 나눠 주셔서 정말 감사합니다. 선생님은 대니와 대화하는 방법을 아세요. 녀석을 편안하게 만드는 방법도 아시고요. 얼마나 감사한지 말로는 다 표현할 수가 없네요. 대니는 선생님을 정말 좋아해요. 항상 노먼 선생님 얘기를 한답니다. 대니는 선생님이 자기 친구라고 말했어요. 고맙습니다."

다음 날 아침, 넌 침대에 앉아 산소호흡기를 마이크처럼 잡고는 어머니에게 지시사항을 전달했다.

“할머니한테 다정하게 대하세요. 엄마는 사람들에게 좀더 상냥하게 대해야 해요. 엄마는 사람들한테 무뚝뚝하게 굴거든요.”

이내 마음이 훈훈해진 어머니가 환하게 미소 지으며 말했다.

“그래, 대니. 할머니한테 더 다정하게 대할게.”

너는 어머니에게 곧 떠날 거라고 했다.

그러자 어머니가 물었다.

“어딜 가는데?”

너는 모른다고 대답했다. 하지만 많은 사람들이 그곳에 있다고 했다. 그들은 아직 너를 모른다고도 했다.

어머니는 그들에게 가라고 했다.

너는 그들에 대해 전혀 알지 못하기 때문에 두렵다고 했다. 그리고 어머니에게 같이 가 줄 수 있는지를 물었다.

어머니는 그럴 수 없다고 대답했다.

너는 왜냐고 물었다.

그러자 그분이 말했다.

“그건 아직 내가 갈 시간이 안 되었기 때문이란다.”

"그럼 왜 제가 갈 시간이 된 건가요, 엄마?"

"나도 모르겠다, 대니. 엄마도 모르겠어."

내가 천천히 네 침대 옆으로 다가갔다.

"대니, 혹시 우리 얘기를 계속하고 싶니?"

네가 고개를 끄덕였다.

"네."

나는 너의 두려움을 모두 이해할 수 있기를 빌면서 물었다.

"어제 나한테 케이크 만들었다고 얘기했던 거 기억하니?"

"네."

"네가 온통 혼란스럽게 만들어 놨다는 것도?"

"네."

나는 나지막이 물었다.

"지금도 그곳이 혼란스럽니?"

네가 대답했다.

"선생님은 해내지 못했어요."

"내가 해내지 못했다고?"

"네. 너무 늦었거든요. 이젠 조금밖에 남지 않았어요. 의자들 아래만. 거기도 아주 조금밖에 없어요."

'뭐가 남았니? 나는 궁금했다. 너의 혼란 가운데 무엇이 아직도 정리되지 않았니? 부모님이 걱정되었던 거니? 아니면 내가 풀어야 할 수수께끼가 아직 더 남았던 거니?'

내가 물었다.

"나한테 네 여자친구를 양보했던 거 기억하니?"

"네."

"그다음에는 어떤 일이 일어났니?"

"선생님은 그 미녀와 결혼했어요."

네가 대답했다. 그러고 나서 여전히 산소호흡기를 마이크처럼 꼭 잡은 채로 그녀에게 카드를 사 주라는 말을 덧붙였다.

"어떤 종류의 카드를 사야 할까, 대니?"

"뭐든 좋아요."

"안에다 뭐라고 쓸까?"

"아무것도 쓰지 마세요."

"뭘 위한 카드지?"

"그건 선생님이 알아내야 해요."

그때, 간호사들이 다시 병실 안으로 들어왔다. 진정제를 먹을 시간이었다. 그들은 네가 약 때문에 졸릴 테니 내게 서둘러 나오라고 했다. 하지만 나는 가지 않았다. 너를 그곳에 혼자 남겨 두기 싫었다.

간호사들이 방에서 나가자 나는 물었다.

"나 지금 꼭 가야 할까?"

네가 대답했다.

"아니요. 너무 늦었어요."

"너무 늦었다고?"

"네."

"무슨 일이 있었는데?"

"미녀가 선생님을 떠났어요."

"미녀가 나를 떠났어?"

나는 나지막이 되풀이했다.

네가 계속 말을 이었다.

"미녀가 많이 화났어요."

"내가 어떻게 했는데?"

네가 차근차근 설명했다.

"선생님이 집에 오지 않았어요. 항상 일만 했어요. 저녁 먹는 시간에도 집에 없었어요."

"내가 어떻게 하면 상황을 바꿀 수 있을까, 대니?"

"미녀는 선생님이 필요해요."

그것이 네 답이었다.

"내가 미녀한테 뭘 해 주면 좋을까?"

"미녀는 선생님의 위로가 필요해요."

그러고 나서 너는 잠에 빠져들었다. 약효가 나타난 것이었다. 잠, 평온, 긴 싸움으로부터의 휴식. 나는 고개를 들었다. 그리고 문득, 네가 떠난 어두운 방 안에 혼자 있다는 사실을 깨달았다. 일정한 간격으로 들려오는 얕은 숨소리와 네 손 안에서 그때마다 약간씩 불룩해지는 산소호흡기의 모습이 방 안을 슬픔으로 가득 채웠다.

그 순간 네가 나에게 건네려고 무던히도 애썼던 말이 무엇인지 이해했다. 나는 네 두려움을 이해했다. 날마다 힘겨운 하루의 끝에서 아버지의 위로와 보호를 기다렸던 외로운 어머니를 홀로 두고 떠나기가 겁났던 것이다.

너는 그분의 하나뿐인 진정한 친구였다, 대니. 항상 너와 어머니, 둘뿐이었지. 그러니 이제 네가 떠나면 어머니에게 새 친구가 필요하다는 사실을 너는 알고 있었다.

네가 너무 어리다고 나는 생각했다. 그럼에도 불구하고 너는 수

많은 얘기들을 가슴에 품고 있었다. 그리고 침대에 누워 죽어 가면서도 너는 할 수 있는 일들을 찾아 최선을 다했다.

그날 저녁 늦게 아버지가 네 곁에 앉아 있는 것을 보았다. 나는 그분 옆에 앉아서 네가 들려준 이야기와 케이크, 그리고 네 상상 속 나의 부인에 대해 나지막이 말했다. 마음속에 간직한 것들을 이야기하기 위해 네가 만들어낸 상징들에 대해서도 설명했다.

아버지가 말했다.

"사랑하는 사람이 세상을 떠나는 모습을 지켜보는 건 정말 끔찍한 일이에요."

내가 물었다.

" 전에 가까운 분을 잃은 적이 있으세요?"

그분이 대답했다.

"네, 아빠요. 제가 대니만 했을 때였어요. 학교를 마치고 와 보니 집이 친척들로 가득하더군요. 하지만 저한테 무슨 일인지 얘기해주는 사람은 아무도 없었어요. 그냥 방에 올라가 기다리라는 말뿐이었지요. 하지만 문틈에 귀를 바짝 대고 어른들끼리 하는 얘기를 들었어요. 모두들 울먹이고 있었는데 누군가 이렇게 묻더군요. '요

셉에겐 어떻게 말하면 좋지?' 그 순간 저는 아빠가 돌아가셨다는 걸 알았어요. 저는 그 사실을 스스로 알아냈지요. 제 방에 혼자 앉아서요."

"그럼 아버님께 작별할 기회도 없었겠네요?"

아버지가 울먹였다.

"없었지요. 학교 갈 때 뵌 것이 마지막이었으니까요. 그리고 이제 저는 아들에게 작별을 해야 해요. 그런데 도저히 못하겠어요. 그럴 수가 없어요."

어머니가 침대 옆에 서서 네 귓가에 부드럽게 속삭였다.

"가렴, 할머니에게 가거라."

하지만 아버지는 반대쪽에 서서 속삭였다.

"그냥 있어. 날 떠나지 마라, 우리 아들. 꼭 아빠 말대로 해야 해."

평생 이어진 두 분의 줄다리기가 그곳에서도 반복되고 있었다. 그 고뇌의 한가운데에서 너의 숨결은 잦아들고 있었다.

의사들이 아버지에게 마지막 작별을 고할 시간이 왔음을 알렸다.

그들은 말했다.

"아마 오늘 밤이 될 겁니다."

아버지가 내게 물었다.

"아들 녀석을 어떻게 보내지요? 뭐라고 말해야 할까요?"

나는 아무런 대답도 할 수 없었다. 그저 눈물 가득한 눈으로 그분을 바라보다가 그날 오후에 그가 내게 했던 이야기를 상기시켰다.

"오늘 저한테 말씀하셨지요. 대니 나이 때 아버님께서 돌아가셨는데 작별할 기회가 없었다고요."

아버지가 대답했다.

"네."

"그리고 아버지가 아들에게 작별하는 법도 배우지 못하셨고요."

그분이 얘기했다.

"제 아버지는 제게 작별을 하셨어요. 매일 아침 일터로 나가시면서 작별을 하셨지요."

내가 고개를 끄덕였다.

"그렇군요. 하지만 가장 중요한 때는 작별을 하지 않으셨군요."

아버지는 돌처럼 꿈쩍 않고 서 있었다. 그분은 내 얘기에 대해 깊이 생각했다. 그러고 나서 조용히 돌아서더니 방에서 나갔다.

숨을 내쉬는 찰나가 마치 긴 세월처럼 느껴졌다. 몇 시간 뒤에 어머니가 울면서 나에게 왔다.

그리고 말했다.

"기적이에요. 선생님께서 무슨 말씀을 해 주셨는지는 모르겠지만, 저이가 그대로 따랐어요. 제 남편이 대니의 귀에 대고 속삭였어요. '가렴. 할머니에게 가거라. 이제 보내 줄게.' 그이는 울면서 대니에게 입 맞췄어요. 그러고 나서 대니의 형제들을 꼭 끌어안았어요. 평생 동안 그이가 아이들을 품에 안는 것을 본 적이 없었어요. 오세요. 와서 좀 보세요."

어머니가 나를 이끌었다.

그 엄숙한 방 안에 들어서자 침대맡에 모인 가족들의 모습이 보였다.

"네 친구가 왔단다, 대니. 노먼 선생님이 오셨어."

어머니가 말했다. 하지만 너는 나를 쳐다보지 않았다. 네 시선은 내 어깨 너머의 사람들에게 향해 있었다.

'그때 내 모습을 봤니, 대니? 내가 있다는 사실을 알았지만 더 이상 그곳에 존재할 필요가 없었던 거니? 나의 바람처럼 네 이야기를 모두 끝맺은 거니?'

나는 몸을 숙여 네 귀에 속삭였다.

"이제 갈게, 대니. 정말 장하다. 혼란스러웠던 모든 것을 이렇게 말끔하게 정리하다니."

그러고 나서 나는 네 곁에서 물러났다.

잠시 후에 네가 세상을 떠났다는 소식을 전해 들었다. 부모님과 형제들이 네 곁을 지켰다고 했다. 네가 이 세상을 떠날 때 아버지가 어머니를 꼭 안아 주었고, 어머니는 하늘을 향해 말했다고 했다.

"고맙다. 고맙다."

지금 나는 여기에 앉아서 부모님과 일그러진 세상에 대해 네가 가르쳐 준 것들을 생각한다. 세상 모든 사람들은 저마다 해야 할 이야기를 품고 있다. 그리고 사랑하는 이들이 도와줄 때 비로소 자신의 이야기를 마칠 수 있다. 그래야만 작별을 건넬 수 있다. 혼란스러운 모든 상황이 말끔하게 정리될 때 비로소 선선히 떠날 수 있게 되는 것이다.

그래서 얼마나 고마운지 모른다, 대니. 네 얘기에 귀 기울일 기회를 주어 고맙다. 나를 믿고 상징과 역설을 통해 메시지를 전해 주어 고맙다. 그리고 너 없이 살아가는 방법을 가르쳐 줘서 고맙다.

추억과 믿음은 우리 삶의 조각들을 하나로 이어 주는 풀과 같다. 그리고 사랑과 회복에 대한 너의 메시지 또한 우리를 앞으로 나아가게 할 것이다. 모두들 정리해야 할 마음의 혼란을 하나씩 품고 살아가기에 나는 오늘도 기도한다. 우리도 언젠가 너처럼 아름답게 살아갈 수 있기를….

 추신

인생에서 가장 어려운 일 중 하나는 모든 경험들 중에서 위험한 사건들을 구별해내는 것이다. 특히 사랑하는 이의 고통을 지켜봐야 하는 사람들의 경우에는 더더욱 그러하다. 우리가 경험하는 모든 것들은 하나의 이야기가 되어 훗날 자신이 살아낸 인생을 솔직 담백하게 말하게 될 것이다.

그 안에 담긴 주제가 좌절이든, 슬픔이든, 구원이든, 이야기의 궁극적인 목표는 반드시 진실이어야 한다. 진실은 우리에게 이해할 수 있는 기회를 준다. 그리하여 마침내 어린 시절에, 혹은 이전 세대가 무의식적으로 저지른 실수들을 반복하지 않게 해 준다.

대니의 이야기는 진실하게 말하고 주의 깊게 귀 기울이는 방법에 관한 훌륭한 본보기가 될 것이다. 죽음이 전하는 교훈들은 남아 있는 이들의 삶을 치유할 수 있다.

삼 형제 중 둘째로서 대니는 가족 모두를 연결하는 중간 다리 역할을 하고 있었다. 더욱이 육체적인 상황으로 인해 대부분의 시간을 어머니와 함께 보내야 했다. 그러는 과정에서 어머니의 상처를 이해하게 되었다. 그리고 생을 마치는 순간까지도 어머니의 상처를 치유하려 애썼다.

하지만 대니의 아버지는 여전히 진실하지 못했던 과거의 기억과 싸움을 벌이고 있었다. 그래서 무의식적으로 현재 상황을 있는 그대로 받아들이지 못했다. 진실 앞에 당당히 나선 것은 대니의 어머니였다. 대니는 죽어 가고 있었다. 그리고 어머니는 믿음 없이 그토록 고통스런 과정을 견뎌낼 수 없다는 사실을 알았다. 설령 대니를 구할 수는 없을지라도 결국 가족을 구해 줄 것은 바로 진실뿐이었다.

사랑하는 이를 떠나보내고 슬픔을 견뎌야 하는 우리는 죽어 가는 사람에게서 위엄이 사라진다는 사실을 안다. 우리는 질병으로 인해 사랑하는 이가 거의 알아볼 수 없을 만큼 변하는 모습을 지켜본다. 투병 생활이 길어질수록 방문의 횟수가 줄어드는 경우도 드물지 않다. 사랑하는 사람의 고통스러운 모습을 보기가 너무 힘겹다고 우리는 자신에게 하소연한다. 사랑하는 사람의 곁을 떠날 수 없음을 깨닫는 이도 있다. 그들은 낮이 가고 밤이 가고 몇 주가 흐르고 몇 달이 지날 때까지 그곳에 머문다.

아무런 경고도 없이 문득 찾아온 죽음 앞에서 우리는 이제 영영 기회를 놓쳐 버린 작별의 중요성에 대해 새삼 깨닫는다. 하지만 운 좋게도 그런 징후를 포착할 때면 사랑하는 이에게 진심을 담아 얘기할 수 있다.

"나는 당신이 죽어 가는 걸 알아."

그리고 치유의 과정에 대해 다시 정의 내리게 된다. 우리에게는 전에 없었던 위엄과 품위가 생긴다. 우리는 사랑하는 이에게 작별을 위해 필요한 말들을 할 기회를 준다. 그리고 자신과 가족에게도 마찬가지로 작별을 건넬 기회를 준다.

진실한 말을 통해 우리는 여전히 풀어내야 할 메시지와 배워야 할 교훈이 존재함을 깨닫는다. 이별 뒤에도 상실감을 극복하고 의미 있는 삶을 살아가는 것이 진정으로 가능함을 알게 된다. 떠나가는 사람의 육체는 치유될 수 없을지라도 가족과 아직 살지 않은 그들의 미래는 얼마든지 치유될 수 있기 때문이다.

용기에 대한 교훈

두려움을 아는 것이 용기를 아는 것이다.

| 작자 미상 |

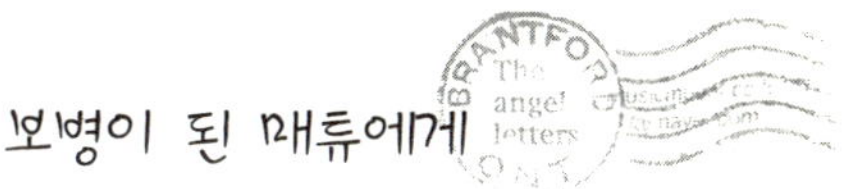

'특별한' 아이. 잘 알지 못하는 사람들은 너를 그렇게 부를지도 모른다. '신이 보내 주신' 아이나 '남다른' 아이라고 부를 수도 있을 것이다. 하지만 이러한 수식어들로는 모든 것을 담아낼 수 없다. 너의 참모습을 온전히 표현할 수 있는 단어가 존재하지 않기 때문이다.

너는 절대 '느린' 아이가 아니었다. 반 친구들은 그렇게 불렀지만 단지 사회적으로 그 아이들과 발맞추기 힘들었을 뿐이다. '장애를 가진' 아이도 아니었다. 학교 선생님들은 그렇게 말했지만 그건 그저 학습 능력을 두고 한 얘기가 틀림없다.

사실 너는 언제나 신중하게 말했다. 가끔은 그 깊이를 알 수 없어 이해하기 힘들 때도 있었다. 하지만 네가 사용하는 표현들은 언제나 색과 결이 고왔다. 모두가 한 구절의 시와 같았다. 그랬다. 뇌수술의 후유증으로 인해 걸음걸이는 조금 불안정했지만 걷고자 했던 길만큼은 그 누구의 것보다 곧고 순수했다.

어느 날 네가 나에게 말했다.

"장애를 가진 아이들을 위한 선생님. 다 크면 그런 사람이 되고 싶어요."

섬세함과 타고난 신중함, 그리고 깨달음. 주변과 내면에서 일어나고 있는 모든 일들을 빠짐없이 깨닫고 있는 네게는 이런 수식어들이 훨씬 더 잘 어울린다.

우리가 처음 만났던 날을 기억한다. 그때 너는 물었다. 어른들은 어떤 의미로 '병적 증식'이라는 단어를 사용하느냐고 말이다. 어머니에게서 들은 모양이었다. 머리에서 제거한 종양에 대한 얘기를 할 때 최대한 완곡하게 표현하려고 그 단어를 선택한 것이 분명했다.

어머니는 네가 암에 걸렸으며, 치료를 위해 정기적으로 종양센터에 들러야 한다는 사실을 알리고 싶어 하지 않았다. 다행히 화학치료는 받지 않아도 되었다. 하지만 방사선치료는 받아야 했다. 너는 그것도 궁금해 했다.

"방사선이 뭐예요?"

"그건 나쁜 세포가 있는 곳에 집중적으로 발사하는 아주 가는 광선 같은 거야. 그 녀석은 세포의 크기를 점점 작게 만들다가 결국에는 영원히 없애 버린단다. 눈덩이를 비춰서 물방울로 만드는 햇빛처럼 말이다."

방사선이란 네게 아주 낯선 것이었다. 그리고 머리 뒤쪽에만 집중적으로 쏘게 될 터여서 어떤 일이 일어나는지 네가 직접 볼 수도 없는 상황이었다.

"알겠어요, 선생님. 이해했어요."

하지만 어색한 미소와 움직임 없는 눈동자는 그 대답이 사실과 다르다고 얘기하고 있었다. 나는 최대한 간단하고 쉽게, 회복과 재발을 반복하며 슬픔의 땅을 여행하는 너를 안내하려고 애썼다.

하지만 이제야 깨닫는다. 어느 단계를 넘어서면 너는 어머니가 그토록 감추고 싶어 하는 것들을 모두 알게 된다는 사실을. 그것이 무엇이든 예외는 없었다. 깨끗하게 사라졌던 뇌종양이 도무지 알 수 없는 이유로 재발했을 때도 너는 그 사실을 알고 있었다. 그리고 모든 상황을 기꺼이 받아들였다.

하지만 네 가정은 큰아들의 발병으로 인한 충격에 서서히 무너져 가고 있었다. 아버지는 어머니에게 너에 관한 얘기를 하는 법이 없었다. 그럼에도 불구하고 두 분은 항상 양육문제를 두고 의견 차이를 보였다.

언젠가 어머니가 내게 털어놓았다. 아버지가 벌써 며칠째 집에 들어오지 않는다고. 직장 때문에 집을 비우는 날이 전보다 훨씬 잦아졌다고 했다. 그래도 여전히 중요한 치료나 수술 뒤에는 두 분 모두 네 손을 잡고 너의 지친 얼굴을 쓸어내렸다.

첫 번째 뇌수술을 마쳤을 때 어머니가 내게 한 가지 부탁을 했다. 네게 병에 관해 설명을 좀 해 달라는 것이었다. 그분은 네가 회복하는 과정에 대해 걱정하고 있을까 봐 두려워했다.

나와 처음 만난 날 너는 언짢은 얼굴을 하고 있었다. 나를 믿어도 좋을지 확신이 서지 않는 모양이었다. 하지만 대화를 나누기 시작하자 너는 금방 마음의 문을 활짝 열었다. 너는 수술과 두려움, 가족과 꿈에 대해 얘기했다. 그리고 다가올 주말과 사무실 창밖에 내리는 눈, 손꼽아 기다리는 크리스마스에 대해서도 신나게 말했다.

"혹시 여기 있는 장난감들 중에서 맘에 드는 게 있으면 집으로 하나 가져갈래? 크리스마스잖아."

"괜찮아요. 아무튼 고맙습니다."

고개를 절레절레 흔들며 대답했지만 수줍은 듯한 너의 눈길은 사무실 한쪽 구석을 향했다. 그곳에는 보드라운 털로 뒤덮인 사자 인형이 놓여 있었다.

"가지렴. 사자는 용기와 힘을 상징한단다. 그러니까 매튜, 저 귀여운 사자 인형이 네게 용기와 힘을 줄 거야."

"정말요?"

"그래, 정말이야. 집으로 데려가렴. 이제부터 그 녀석 주인은 너란다."

그렇게 행복한 결말을 위한 작은 거짓말과 소망으로 우리의 이야기가 시작되었다. 눈 내리는 크리스마스이브에 말이다.

우리는 매주 수요일 아침, 사무실에서 만나기로 했다. 종양센터는 너무 시끄러워서 함께 조용히 앉아 놀기에는 적당하지 않았기 때문이다. 그리고 그곳에서 의사와 간호사를 만나면 네가 자신의 상태에 대해 더 궁금해 할까 봐 걱정이 되기도 했다.

이러한 것들이 바로 수요일 아침마다 대기실 문을 열면서 품었던 생각이다. 너는 그 작은 방 한쪽에 앉아서 새로운 카드게임을 하거나 새 친구에 대해 얘기할 수 있는 시간이 어서 오기만을 손꼽아 기다렸다. 그러다 대기실 문 앞에 서 있는 내 모습을 발견하면 너는 항상 조심스럽게 의자에서 일어났다. 그리고 환한 미소를 지으며 다가왔다. 일단 사무실 안으로 들어오면 우리는 바닥에 편안하게 앉아 일주일간 일어난 일들에 대해 얘기를 나눴다.

"잘 지내셨어요, 노먼 선생님? 행복한 한 주 보내셨나요?"

그러는 동안 추운 겨울날들이 지나갔다. 우리는 카드게임을 했고, 이야기를 나누었고, 지나간 한 주에 대한 느낌을 말했다. 네가 제일 좋아하는 액션히어로 카드게임 방법을 배우기도 했고, 각각의 캐릭터 이름과 그들이 가진 힘과 약점, 특별한 능력에 대한 퀴즈를 풀기도 했다.

너는 카드 한 벌을 통째로 가져다주기도 했다. 덕분에 틈이 나는 대로 연습할 수 있었다. 너는 훌륭한 스승이었고 나는 부족한 제자였다.

나는 그 카드게임을 완전히 이해하지 못했다. 아무리 애써도 소용없었다. 하지만 다행스럽게도 그런 부족함이 네게 적잖은 즐거움을 선물하는 것 같았다. 물론 그 작은 기쁨을 누리는 것조차 미안해했지만 말이다. 나는 항상 게임에서 졌다. 그러면 너는 언제나 환하게 미소 지으며 나를 위로했다.

"괜찮아요, 노먼 선생님. 가끔씩 지는 건 괜찮아요."

"그래. 나도 안다, 매튜. 그건 괜찮은 거야."

어느 날 오후, 나를 바라보는 네 눈에 눈물이 가득 고여 있었다. 나는 아무 말도 하지 않고 기다렸다. 한동안 우리 사이에 낯설고 무거운 침묵이 흘렀다. 이를 깨뜨린 것은 네가 던진 질문이었다.

"비밀을 지킬 수 있으세요?"

"그럼."

나는 확신에 찬 목소리로 대답했다.

"엄마한테 말씀 드릴 건가요?"

"네가 원하지 않는다면 절대 안 할게."

"선생님한테 말씀 드릴 게 있어요. 아주 중요한 거예요."

눈물이 그렁그렁한 눈으로 너는 알고 있는 무언가를 말하려고 애썼다. 머릿속에서 '병적 증식'을 하는 것이 종양이며, 그것이 암세포라는 사실을. 그리고 암이 재발했으며 부모님은 네게 아무것도 솔직하게 말해 주지 않는다는 사실까지도 너는 모두 알고 있었다.

나는 생각했다.

'말해 보렴, 매튜. 알고 있는 걸 모두 얘기해 봐.'

하지만 너는 아무 말도 하지 않았고 주저앉아 울기만 했다. 집으로 데려가기 위해 방 안으로 들어온 어머니가 그 모습을 봤다. 그분은 다가와 너의 얼굴을 부드럽게 어루만지며 가만히 미소 지었다.

"괜찮아, 매튜. 속상한 게 뭔지 엄마한테 말해 보렴."

하지만 그럴 수 없다는 사실을 너는 알고 있었다. 네가 진실을 알고 있다는 사실을 밝혀 어머니 마음을 아프게 할 수는 없었다. 어머니는 네 병이 재발했으며 보기보다 훨씬 더 안 좋은 상태라는 사실을 네가 모르기를 바랐다.

너는 그만 울음을 멈추었다. 그리고 다시 예전의 착한 아들로 돌아갔다. 너는 자세를 바르게 고쳐 앉은 뒤에 어머니를 향해 따뜻하고 사랑스런 미소를 지어 보였다. 결국 너는 아무 말도 하지 않았다.

그다음 날, 어머니를 만났다. 그리고 이제 '병적 증식' 세포에 대한 진실을 너에게 말할 때가 됐다고 제안했다. 사실 그것이 암이라는 종양이며 재발하고 말았음을 알려야 한다고.

하지만 어머니는 제안을 정중히 거절했다. 그분은 진실을 아는 것이 치료에 아무런 도움이 되지 않으리라 여겼다. 그리고 나는 그분의 뜻을 존중했다. 이 세상에서 너에 대해 그분만큼 잘 아는 사람은 없었기 때문이다. 그분은 너의 수호천사였다. 가장 좋은 길을 찾아 주기 위해 온 마음으로 애쓰고 있었다.

시간이 갈수록 네가 사무실에 들르는 횟수가 조금씩 줄어들었다. 집을 나서기 힘들 만큼 점점 더 쇠약해지는 탓이었다. 드물기는 했지만 네가 기운을 차리는 것 같으면 어머니는 얼른 너와 함께 사무실로 찾아왔다.

어느 날부터인가 너는 짧은 외출을 위해 마련한 휠체어를 타고 나타났다. 나는 휠체어에 앉아서도 편안하게 카드게임을 할 수 있도록 사무실 책상을 다시 꾸몄다. 사무실 바닥에 나란히 앉아서 지난주에 있었던 이야기에 귀 기울이는 날도 있었다. 진통제 때문에 너는 잠깐씩 지쳐 잠들기도 했다. 그럴 때면 나는 그만 쉬거나 집에 가고 싶은지 물었다.

그러면 너는 두 눈을 번쩍 뜨고 큰 소리로 대답했다.

"아니요. 아직은 아니에요."

나는 암과의 싸움에 용감하게 맞서는 너야말로 자긍심을 가져 마땅하다고 생각했다. 그리고 두려울 때마다 의지할 수 있는 뭔가가 필요하다고 느꼈다. 보드라운 사자 인형처럼 말이다.

어느 날 내가 물었다.

"보병이 뭔지 아니, 매튜?"

너는 언제나처럼 질문에 질문으로 대답했다.

"보병이요? 그건 전장에서 제일 먼저 전투를 벌이는 병사가 아닌가요?"

"그래, 매튜. 맞다. 그리고 나는 개인적으로 전장에서 제일 용감한 병사가 바로 보병이 아닐까 생각해."

나는 잠시 너를 바라보다가, 다시 말을 이었다.

"그리고 내 친구인 네가, 진정한 보병이라고 생각한단다."

네가 놀라 물었다.

"제가요? 하지만 제가 지금 무슨 전투를 벌이고 있는데요?"

"증식하는 세포와 머리에서 자라고 있는 그 종양. 그것들과 날마다 전투를 벌이고 있잖아, 안 그러니?"

"그러고 보니, 맞네요. 제가 전투를 하고 있었네요. 증식하는 녀석하고 말이에요."

그리고 몹시 추웠던 11월의 어느 날, 너는 암에 대항해 전투를 벌이는 보병의 대열에 합류했다. 나는 한 단체에 대해 얘기했다. 이것은 몹시 아픈 아이들을 위해 '이야기 치료'를 구체화한 데이비드 엡스턴의 활동을 모델로 삼아 내가 만든 것이었다. 〈보병들을 위한 롱 아일랜드 협회〉라는 이름으로 불리는 단체는 극복해야 할 병을 가진 다양한 연령의 아이들이 회원이었다. 너처럼 몇 주씩 병원에 입원했던 아이들도 있었고, 치료의 부작용으로 머리카락이 빠지는 등 다른 여러 가지 증상에 시달리는 아이들도 있었다.

나는 네게 회원이 되기 위해서는 그 단체의 대장에게 편지를 쓰기만 하면 된다고 귀띔해 주었다. 직접 쓴 편지 안에 자신이 반드시 회원이 되어야 하는 이유를 설명하기만 하면 된다고 말이다.

여윈 손에 연필을 꼭 쥐고, 너는 천천히 편지를 쓰기 시작했다.

대장님께

저는 꼭 보병이 되어야 합니다. 왜냐하면 상태가 예상했던 것보다 훨씬 더 좋지 않기 때문입니다. 제 머릿속에는 병적 증식 세포가 가득합니다. 그래서 매주 수요일에 좋은 의사 선생님을 만납니다.
저는 지난 몇 달 동안 병원에 다녔습니다. 그동안 한 가지 생각만 했습니다. 얼른 나아서 훌훌 털고 일어나야겠다는 아주 중요한 생각만 했습니다. 아직은 그렇게 되지 못했지만 병원에서 좋은 친구를 사귀었고 행복한 시간을 보냅니다.
제가 보병이 되어야 하는 이유가 대장님의 마음에도 쏙 들었으면 좋겠습니다. 그리고 그 이유를 대장님께서도 이해할 수 있었으면 좋겠습니다. 대장님의 목소리를 듣고 얼굴을 볼 수 있는 날이 어서 오기를 빕니다.

대장님의 제일 좋은 친구, 매튜 올림

너는 전투를 치르느라 약해질 대로 약해진 손으로 한 글자 한 글자 편지를 써 내려갔다. 너무 힘들어서 계속하기 어렵다는 생각이 들자 나에게 연필을 건네며 받아써 달라고 부탁했다. 그러고는 반짝이는 눈으로 편지지가 글씨로 가득 찰 때까지 얘기를 멈추지 않았고, 바로 그날 편지를 부치고 싶어 했다.

우리는 함께 편지 봉투에 주소를 써넣고, 우표를 붙이고, 복도 끝에 있는 우체통으로 갔다. 너는 휠체어에 앉은 채로 손에 꼭 쥐고 있던 편지를 우체통에 넣었다. 그 순간 네 표정은 어느 때보다 자부심으로 가득했다.

그것이 마지막 방문이었다. 그 뒤로 너는 다시 사무실에 들르지 못했다. 견뎌내야 할 몸의 고통이 점점 커지자 너는 소아 중환자실로 옮겨졌다.

그날 우리는 암센터에서 만났다. 너는 어두운 방 안에 놓인 커다란 분홍색 안락의자에서 쉬고 있었고 곁에는 어머니와 그분의 가장 친한 친구가 앉아 있었다. 의자 뒤쪽에 설치된 장치를 통해 혈액 응고 기능을 하는 혈소판과 안정을 위한 진통제를 네 몸속에 투여했다.

병실로 들어가 편지를 읽어도 괜찮을지 물었다. 그것은 〈보병들을 위한 롱아일랜드 협회〉로부터 온 답신이었다. 그 편지가 너를 미소 짓게 하리라는 사실을 알고 있었다. 모든 의사와 간호사, 사회복지사들에게 둘러싸인 채 대장의 답장을 큰 소리로 읽어 내려갔다.

매튜에게

편지 고맙게 잘 받아 보았단다. 나 또한 네가 우리 단체의 회원이 되기에 전혀 부족함이 없다고 생각한다. 힘겨운 치료를 받으면서 여전히 미소를 잃지 않고, 그 안에서 기쁨을 찾을 줄 아는 소년이라면 누구나 보병이 될 충분한 자질을 갖추고 있단다.

너는 어떤 마음을 가지고 있니? 보내 준 편지를 보니 분명히 아주 긍정적인 소년일 것 같구나. 어떻게 그런 마음가짐으로 살아갈 수 있는지, 그 비밀을 말해 주겠니? 힘겨운 날들을 이겨내는 힘이 바로 거기에 있을 것 같구나.

우리 단체의 일원이 된 것을 진심으로 환영한다. 이로써 너는 2001년 11월 12일, '병적 증식 세포와 전투를 벌이고 있는 최고의 보병'이라는 이름에 걸맞은 지위를 부여받게 되었다. 동시에 이에 따르는 모든 권리와 특권, 명예 또한 누릴 수 있다.

축하한다, 그리고 다시 한번 환영한다. 앞으로도 계속 많은 이야기를 전해 들을 수 있기를 고대한다.

진정한 친구, 〈보병들을 위한 롱아일랜드 협회〉 대장이 너의 두 눈에 눈물이 고였다. 너는 편지를 봉투에 접어 넣고는 환한 미소를 지었다. 그것은 힘겨운 전투를 승리로 이끈 영웅의 당당한 미소였다. 그 편지 한 통으로는 너의 강인함과 용기를 다 표현할 수 없어서, 어머니와 함께 또 하나의 깜짝 선물을 준비해 두었다. 언젠가 꼭 한번 받아 보고 싶다고 말했던 은색 트로피를 네게 건넨 순간, 기쁨으로 가득한 너의 얼굴이 환하게 빛났다. 트로피 아래쪽에는 이렇게 씌어 있었다.

매튜. 최고의 보병

병적 증식 세포와의 전투에서 용감히 맞서 싸우다.

그 후로 어디를 가든 너는 트로피를 꼭 가지고 다닌다고 들었다. 밤이면 항상 머리맡에 털북숭이 사자 인형과 함께 트로피가 나란히 놓여 있었다고도 했다. 몇 주 뒤 네가 세상을 떠난 후 어머니로부터 들은 이야기들이다. 네가 떠났다는 사실을 알게 된 순간, 부대의 병사와 의사, 간호사와 사회복지사, 그리고 친구들은 모두 할 말을 잃은 채 자리를 떠나지 못했다.

지금 우리는 너 없는 세상 속에 남아 있다. 그리고 여전히 보병으로서 병적 증식 세포와 암, 그리고 삶의 고통과 맞서 싸우고 있다.

네가 이제는 아무런 고통 없이 평화롭기를 기도한다. 그리고 언젠가는 우리 모두가 다시 만나길 나는 기도한다. 다툼도 분노도 없는 곳에서, 용기도 필요하지 않은 곳에서, 오직 사랑만이 가득한 그곳에서.

추신

죽음은 우리에게 힘과 용기에 대한 어떤 교훈을 가르쳐 주려고 애쓰는 것일까? 그리고 삶의 의욕을 앗아 가 버리는 죽음의 고통을 어떻게 견뎌내야 하는 것일까?

우리는 모두 언젠가 죽음을 맞이할 운명이라는 것을 알고 있다. 이것이 바로 삶이 가진 모순이다. 그럼에도 불구하고 평생 운명으로부터 달아날 방법을 찾아 헤맨다. 부정과 두려움을 감춘 채, '두 발을 온전히 이 세상에 딛고 서서' 하루하루를 살아간다. 그리고 부지런히 세상과의 연결 고리를 만들고 수많은 사회적 관계들을 유지해 나간다.

하지만 삶 깊숙이 죽음의 그림자가 발을 들여놓을 때면, 자신이 그동안 그토록 중요하게 여겨 온 세상과의 관계가 소원해졌음을 알게 된다. 평범한 일들이 반복되는 일상에서 멀어져, '한쪽 발은 하늘에 딛고' 이 세상을 살아가는 자신과 마주하는 것이다. 우리는 이러한 상황을 어느 누구에게도 설명할 수 없음을 깨닫는다. 어쩌면 이제는 세상을 떠나 버린 사랑했던 그 사람만이 온전히 이해할 수 있을지도 모른다.

그렇게 고통에 잠겨 하루하루를 보내다 문득, 우리가 무지한 이들을 질투하고 있다는 사실을 발견한다. 그들은 죽음과 절망의 신호들을 무시해 버릴 수 있기 때문이다. 하지만 통찰력을 타고난 우리는 이제 세상에 없는 사랑했던 사람들과의 추억에만 집중하고 만다.

그중 어떤 이는 삶을 그만 멈춰 버린다. 떠난 사람이 머물렀던 방에 들어가지 못하고, 자주 들르던 음식점이나 함께 여행했던 장소를 멀리한다. 기억이 우리를 괴롭히는 것이다. 또한 인생길 굽이굽이에 숨어 기다리고 있는 너무도 두려운 고통을 피하느라 삶이 움츠러들고 만다.

그러면 어떻게 두려움을 견뎌내고 고통 속에서도 꿋꿋이 살아갈 힘을 키울 수 있을까? 그리고 마침내 성장까지 이뤄낼 수 있을까?

슬픔을 견뎌야 할 사람으로서 우리는 '힘'이라는 단어를 다시 정의 내려야 한다. '눈물을 흘린다'는 것이 곧 우리가 약하거나 무너지기 쉽다거나, 슬픔에 굴복해 죄의식을 느끼고 있음을 뜻하지는 않는다. 절대 그렇지 않다. 오히려 '강하다'는 것의 진정한 의미는 자신이 언제 약해지는지를 아는 현명함에 깃들어 있는지도 모른다.

눈물을 통해 우리는 비로소 상실감을 극복한다. 고통을 있는 모습 그대로 받아들일 때 '약한 사람'의 또 다른 이름이 '용기 있는 사람'임을 인식하게 된다. 우리는 '바닥까지 떨어졌을 때' 비로소 그곳에서 다시 설 힘을 모을 수 있음을 깨닫는다. 그리고 다시 일어났을 때 우리의 인생길이 직선이 아니라 원형이라는 사실을 알게 된다.

'조금씩 나아진다'는 것은 고통을 차츰 참아낼 수 있게 된다는 뜻이다. 비처럼 눈물 또한 풍요의 원천임을 마침내 이해하게 된다. 이는 우리 모두가 여행해야만 하는 길이다. 이러한 힘겨운 경험들은 우리를 그저 생존하기에 급급한 사람들과 구별되게 하고, 누구보다 헌신적으로 살아가는 훌륭한 인간으로 거듭나게 한다.

슬픔은 근육을 닮았다. 격렬한 운동은 온몸에 쓰라림과 아픔을 남기는 법이다. 하지만 다음 날에도 운동을 계속하면 강해진 근육 덕분에 아픔을 훨씬 덜 느끼게 된다. 마찬가지로 시간이 흐르고 참아내야 할 슬픔이 반복되면 슬픔 근육 또한 강해진다. 그러면 작은 상처 앞에서 도망가지 않게 된다. 눈물이 흐르도록 내버려 두게 된다. 그러는 동안에 아픔을 꿋꿋이 견뎌내고 아픔과 친해진다. 그리고 마침내 눈물이 멈췄을 때 우리는 다시 시작한다.

우리의 '운동'에는 아무런 계획표도 없다. 다만 언젠가 우리의 짐을, 우리의 슬픔을 좀더 편안하게 짊어지고 가게 될 날을 맞이하리라는 목표가 있을 뿐이다. 주변 사람들이 우리가 약해지는 순간을 이해하고 존중해 줄 날이 오기를 바랄 뿐이다.

고통을 이겨내고 성장하면 또 다른 곳에서 힘을 얻을 수 있다. 우리들 대부분은 여전히 곁에 있는 다른 가족들을 돌보면서 큰 힘을 낸다. 한 어머니가 내게 얘기했듯이 말이다.

"저에게는 엄마의 따뜻한 손길을 필요로 하는 또 다른 자식이 있습니다. 그동안 저는 그 아이를 철저히 외면해 왔습니다. 그 아이는 몇 주 전부터 할머니 댁에서 지내고 있습니다. 그리고 엄마를 무척이나 그리워합니다. 저는 이제야 깨달았습니다. 다른 가족을 돌봐야 할 때가 왔다는 사실을 말입니다. 그래서 저는 온통 어수선한 집 안을 깨끗하게 청소했습니다. 지난 반년 동안 저는 전혀 가정을 돌보지 않았고 제 자신도 돌보지 않았습니다. 하지만 세상을 떠난 지미를 잊기 위해 집 안 정리를 한 것은 아니라는 사실을 선생님께서도 이해해 주셔야 합니다. 지미와의 추억을 떨쳐 버리기 위한 것도 물론 아니었습니다. 제가 겪고 있는 혼란 속으로 다른 자식까지 끌고 들어올 수는 없었습니다. 그래서 그렇게 한 것입니다. 지미는 지금 하늘나라에 있습니다. 그리고 분명 그 아이는 우리가 매일 온종일 울고만 있기를 바라지는 않을 겁니다."

종교에 기대는 이도 있다. 정신적인 믿음이나 가르침, 그리고 수행을 통해 힘을 얻기도 한다. 각자가 의지하는 신이나 종교단체와의 관계 또한 우리가 고통 속에서 의미를 찾도록, 그리고 좀더 빨리 기운을 차리고 일상으로 돌아갈 수 있게 도와준다. 사랑하는 딸을 잃은 아버지가 편지 한 통을 보내 왔다.

딸아이가 그리워서 견딜 수가 없습니다. 하지만 저는 알고 있습니다. 그 아이가 마땅히 있어야 할 곳에 머물고 있다는 사실을 말입니다. 저는 우리가 지상에 머무는 시간이 찰나에 지나지 않음을 알고 있습니다. 그리고 이러한 생각은 제 마음에 평화를 가져다줍니다.

또한 자신이 누구인지 아는 것을 통해 힘을 얻을 수도 있다. 우리는 자신에게 끊임없이 질문을 던져야 한다.

'나는 무엇을 믿고 있는가? 어떤 가치와 기호, 취향이 나를 특별하고 유일한 존재로 만들어 주는가?'

그렇게 자신의 정체성을 스스로 찾아가야 한다. 불행하게도 상실감으로 고통받은 사람들은 정체성과 역할 변화에서 생기는 아픔을 상대로 한 번 더 싸워야 한다. 우리는 더 이상 누군가의 형제나 부모가 아닌 까닭이다. 가족을 잃은 어떤 이의 고백처럼 말이다.

"방마다 아들 녀석의 운동기구가 보입니다. 녀석이 그 기구들을 가지고 이런저런 운동을 하는 소리가 들립니다. 녀석의 흔적이 온 집 안에 가득합니다. 하지만 사실 그 녀석은 집 안 어디에도 없습니다. 이제 우리 집은 조용합니다. 바쁘고 생동감 넘쳤던 예전의 삶이 그립습니다. 아침에 눈을 뜨면 허둥지둥 직장으로 달려가고 저녁에 퇴근해 돌아오면 체육관으로 달려갑니다. 그리고 저녁을 준비하고, 숙제를 도와주고, 그만 좀 시끄럽게 하라면서 아들 녀석에게 고래고래 소리를 질러대던 그때가 너무 그립습니다. 이제 우리 집은 너무 조용합니다. 제 아들의 어머니가 아니라면 저는 도대체 누구인가요?"

인생의 사건들을 겪을 때마다 우리는 변한다. 그와 함께 이 세상에서 우리가 머물렀던 자리도 사라진다. 정신적 외상 전문가인 비버리 제임스의 말처럼 우리는 슬픔을 겪어내는 동안에 '진정한 자아'를 발견하는 기쁨을 잃어버린다. 고통으로 인해 감각이 무뎌질지도 모른다. 사람들이 이해하지 못할까 봐 두려운 나머지 부정적인 감정을 숨기거나 인정하지 않을 수도 있다.

회복은 감각이 되살아나는 과정이다. 우리는 고운 꽃의 향기와 어깨 위로 내려오는 햇살의 느낌을 다시 기억해내야만 한다. 나아가 가끔씩은 소중했던 추억에도 잠겨 봐야 한다. 지금보다 행복했던 그 시절 자아를 바라보면, 우리는 지난날의 자신을 되새기고 다시 그런 모습으로 돌아갈 수 있는 능력이 자기 안에 있음을 확인하게 된다.

가장 중요한 것은 우리가 한 가지 배움을 얻었다는 점이다. 상처 입은 마음은 어떤 경우에도 안벽하게 치료될 수 없는 것이다. 마음이란 부서진 자전거나 깨진 꽃병처럼 수리를 거쳐 원래의 모습으로 돌아가지 못한다. 마음이 다시 예전으로 돌아갈 수 없다는 사실을 우리는 안다. 그러면 변화하는 자신을 받아들이는 것이 더 이상 두렵지 않다. 이제 우리는 빠른 치료나 회복을 비는 친절하고 다정한 위로를 찾아 헤매지 않는다. 사랑하는 사람을 떠나보낸 슬픔을 온전히 느낄 때, 이를 묵묵히 지켜봐 주는 사람이 곁에 있을 때, 우리의 슬픔은 잦아든다.

결국 우리는 자신의 가장 어두운 감정들을 살피고, 슬픔 속에서 자신을 기다리는 고통까지 받아들일 때, 비로소 새로운 삶의 방식들을 배울 수 있다.

우리는 새로운 관계들을 맺는다. 새로운 음식점에 가고, 전에는 한 번도 가 본 적 없는 곳으로 여행을 떠나기도 한다. 새 옷을 살 생각에 괜히 마음이 들뜨기도 하고, 교통체증에 걸리거나 약속을 깜박했을 때 화를 내기도 한다.

우리는 또 다시 두 발을 온전히 이 세상에 딛고 서서 하루하루를 살아간다. 다만 어떤 환자의 표현처럼 이제 우리의 한쪽 손은 하늘을 향해 뻗어 있다. 우리는 슬픔에 맞서 싸울 용기를 지녔고 슬픔을 견뎌낸 뒤 마침내 행복을 찾은, 우리를 닮은 사람들 속에서 머물 자리를 찾는다. 그들로 자신을 둘러싼다. 우리처럼 이들 또한 삶의 역경을 참아낼 때 비로소 자신에 대한 정의를 다시 내릴 수 있음을 알기 때문이다.

우리는 가족을 잃었다. 그리고 우리는 약하다. 하지만 이제 우리는 진정한 힘과 용기가 무엇인지 안다.

믿음에 대한 교훈

우리는 각자의 마음속에, 그리고 이 세계에 있는 선함이 실현될 것이라고 믿어야만 한다. 믿음이야말로 선함이 실현될 수 있는 최고의 조건이기 때문이다. | 톨스토이 |

하느님과 함께한 빈센조에게

세상 모든 것들에는 우리 자신의 모습이 투영되기 마련이라고 한다. 만일 정말로 그렇다면 내 기억 속에 비친 네 삶의 모습은 선함과 희망, 신성함으로 빛난다. 신앙심 깊은 청년이었던 너는 오직 신에 대한 믿음으로 그토록 고통스럽고 슬픈 날들을 견뎌냈다. 어머니의 사랑으로도 어찌해 볼 도리 없었던 바로 그 날들을 말이다.

너는 어린 시절부터 타고난 예술가였고 뛰어난 축구선수였다. 하지만 몸에 깊숙이 뿌리내린 종양은 그 모든 능력들을 조금씩 앗아갔다. 시간이 갈수록 뇌기능을 점점 떨어뜨렸기 때문이다. 하지만 그 힘겨운 시간들을 지나면서도 신과 그분이 만들어낸 기적에 대한 너의 믿음은 언제나 변함없었다. 육체적, 정신적 시련 속에서도 너의 믿음은 절대 흔들리지 않았다. 어쩌면 견디기로 결심했는지도 모르겠다.

넌 줄곧 슬퍼 보였다. 누군가 자신을 지켜보고 있다는 사실도 의식하지 못한 채 병원 복도를 걷는 모습이 가끔씩 눈에 띄기도 했다. 넌 깊은 생각에 잠겨 있었고, 얼굴은 창백했으며 고통으로 일그러져 있었다. 이리저리 흘러내린 긴 머리카락으로도 네 영혼의 열망을 감출 수는 없었다.

너는 형제 중 셋째였다. 어느새 훌쩍 자란 남동생은 축구장에서 너보다 훨씬 빨리 달릴 수 있게 되었다. 시칠리아가 고향인 부모님은 가족 이외의 다른 친구를 사귀는 것을 허락하지 않았다. 그래서 너는 홀로 그림을 그리거나 성경을 읽으면서 대부분의 시간을 보내야 했다.

너와 함께 해 주어 감사하다며 서툰 영어로 마음을 전하던 네 어머니의 모습이 눈에 선하다. 그리고 말로 다 전하지 못한 감사와 자긍심을 환한 미소에 담아 보냈다. 자신의 아들이 의사의 친구라는 사실에서 비롯된 자긍심이었다. 또한 네가 모든 것을 잃고 난 뒤에도 여전히 사랑과 존경을 받기에 부족함이 없는 사람이라는 것을 확인한 데서 비롯된 긍지였다.

〈영상 예술학교〉에 지원하고, 결국 입학할 수 있도록 지지해 준 것도 어머니였다. 하지만 네가 도시에 있는 학교까지 혼자 기차를 타고 가는 것을 너무 두려워했기 때문에 아버지가 동행하기로 했다.

며칠 동안 아버지는 교실 뒤쪽에 앉아서 네가 만화와 초상화의 기법들을 배우는 것을 지켜보았다. 그러나 네가 수업을 포기하면서 너만의 작은 세상에서 벗어나려던 과감한 시도는 불과 몇 주 만에 막을 내리고 말았다.

'아빠가 지켜보는 것이 불편했기 때문이니? 아니면 암이 퍼질수록 예술적인 재능들을 잃어 가는 것이 고통스러웠니?'

꼭 너만 했을 때, 삶은 나에게 우정과 음악, 미래에 대한 약속을 가르쳐 주었다. 너 또한 이 모든 것들을 배우고 누릴 수 있었으면 얼마나 좋았을까.

하지만 너의 유년 시절은 남달랐다. 육체가 마침내 너를 무릎 꿇게 만들 것이라는 사실을 너는 이미 알고 있었다. 진단을 받기 오래

전 어느 여름날 밤에 네가 종양의 정확한 위치를 표시한 자화상을 그렸다는 사실을 아버지로부터 전해 들었다. 방과 후에도 너는 운동장에서 자전거를 타거나 공원에서 친구들과 노는 대신, 혼자 앉아서 신의 사랑과 영원한 삶의 약속에 대한 성경 구절을 읽었다고 했다.

처음 몇 달로 예정되었던 치료가 길어지면서 너는 화학과 방사선 치료, 수술과 의사들의 왕진으로 힘겨워했다. 그리고 회복을 위해 노력했던 날들과 간절한 기도를 뒤로하고, 결국 세상을 떠나리라 짐작하며 보낸 그 몇 년이 네 일생이 되고 말았다.

너는 점점 더 야위어 갔고, 형제나 휠체어의 도움 없이는 움직이기 힘든 지경에 이르렀다. 가능한 너를 병원 밖으로 데리고 나가려 했던 가족들의 노력을 기억한다. 아버지는 언제나 늦은 시간까지 네가 탄 휠체어를 끌면서 병원 복도를 걸었다. 언젠가 네가 혼자 걸었던 바로 그 복도를 말이다.

너는 슬퍼 보였다. 게다가 힘과 보호의 상징이었던 긴 머리카락은 화학치료의 부작용으로 모두 빠진 상태였다. 마치 배신당하고 힘을 잃은 삼손처럼 네가 의지했던 세상이 무너지고 있었다.

집에서 호스피스의 보살핌을 받겠다는 결정을 내리는 과정도 쉽지 않았다. 아버지가 낯선 사람을 집에 들이는 일에 익숙하지 않았기 때문이다. 집에 호스피스를 들이라는 사회사업가의 청이 계속 이어졌다. 그것이 진통제를 제때 공급받으면서 사랑하는 사람들과 함께 지낼 수 있는 유일한 방법이었다.

엄한 규율에도 굴하지 않고 나는 날마다 너의 집으로 갔다. 그때 내 눈에 비친 것은 홀로 두려움에 떨고 있는 한 젊은이였다. 그래서 나는 인내와 호기심으로 너와 가족들 곁에 머물기 위해 알아야 할 언어와 규칙들을 배워 나갔다.

"노먼 선생님!"

매일 밤 퇴근 후 너희 집에 들르면 언제나 네 형이 반가운 목소리로 나를 맞아 주었다. 우리는 부엌에 놓인 작은 원탁에 앉아서 밤늦게까지 너무 진해 걸쭉한 커피와 이탈리아 쿠키, 비스코티를 먹었다. 나는 그 커피를 '팡고'라고 부르곤 했다. 이탈리아어로 '진흙'이라는 뜻이다.

형은 웃으며 말했다.

"이탈리아에서는 보통 이렇게 마시는걸요. 제 아빠 나라에서는요."

우리는 잠시 얘기를 나누었다. 형은 너와 벽 하나를 사이에 두고 지내야 하는 심정과 두려움을 털어놓았다. 어머니는 내게 이탈리아어를 가르치려고 애썼다. 그리고 부끄럼 많은 동생은 장 보러 집을 나서며 필요한 것은 없는지 넌지시 내게 묻곤 했다. 이들과 따뜻한 말들을 주고받고 나지막한 웃음을 나눈 뒤에 마침내 나는 네가 머무는 거실로 들어설 수 있었다.

너는 우뚝 선 링거 옆에 가만히 누워 있었다. 그 장치에는 투명한 식염수 한 봉지가 걸려 있었다. 아직도 기억에 선하다. 희미한 텔레비전 불빛 아래 고요히 누워 있는 네 모습에 나는 가슴이 메어 왔다. 얼마나 남았는지 알 수 없는 시간과 한 방울씩 떨어져 내리는 식염수만이 가까스로 너를 우리 곁에 붙잡아 두고 있었다.

어둡고 쓸쓸했던 그해의 겨울밤들을 나는 네 침대 곁에서 보냈다. 가끔씩 너는 병원에서 있었던 일들과 내 가족, 친구들에 대해서 물었다. 건강하고 행복했던 시절의 이야기를 들려줄 때도 있었다. 거실 작은 벽장 안에 보관해 둔 우승 트로피와 예술작품들을 자랑스럽게 보여 주기도 했다.

하지만 대부분의 시간은 성경을 읽으며 보냈다. 그리고 함께 읽기 힘들 만큼 쇠약해진 뒤에는 네가 듣고 싶은 부분을 펼쳐 주었다. 한쪽 구석에 소리만 꺼둔 텔레비전의 희미한 불빛 아래 앉아 우리는 로마 신자들에게 보낸 서간, 그리고 누가복음과 요한복음을 소리 내어 읽었다.

네가 청했다.

"누가복음 8장 43절. 오늘 밤에는 거기서부터 시작해요."

> 그 가운데에 열두 해 동안이나 하혈하는 여자가 있었다. 그 여자는 의사들을 찾아다니느라 가산을 탕진했지만 아무도 그를 고쳐 주지는 못했다. 그가 예수님 뒤로 가서 그분의 옷자락 술에 손을 대자 즉시 하혈이 멎었다.
>
> 예수님께서 "누가 나에게 손을 대었느냐"고 물으셨다. 모두 자기는 아니라고 하는데, 베드로가 "예수님, 군중이 예수님을 에워싸 밀쳐 대고 있습니다"라고 대답했다.

너는 두 눈을 꼭 감고 있었다. 잠이 든 것인지, 아니면 그저 깊은 생각에 빠진 것인지 알 수 없었다. 잠시 내 목소리가 들리지 않자 너는 가만히 눈을 떴다. 그러고는 환하게 미소 지으며 계속 읽어 달라고 부탁했다.

그러자 예수님께서는 "누군가 나에게 손을 대었다. 나에게서 힘이 나간 것을 안다"고 말씀하셨다.
그 부인은 더 이상 숨어 있을 수 없음을 알고 떨며 나와서 예수님 앞에 엎드렸다. 그리고 자기가 무슨 까닭으로 예수님께 손을 대었으며, 또 어떻게 병이 나았는지 온 백성 앞에서 아뢰었다. 그러자 예수님께서 그 여자에게 이르셨다. "딸아, 네 믿음이 너를 구원하였다. 평안히 가거라."
예수님께서 아직 말씀하고 계실 때 어떤 이가 회장당에게 와서는 "당신의 따님이 죽었습니다. 그러니 예수님을 번거롭게 하지 마십시오"하고 말했다. 예수님께서는 그 말을 들으시고 회당장에게 이야기하셨다.
"두려워하지 말고 믿기만 하여라. 아이는 구원받을 것이다."

"믿으세요?"

"무엇을 말이니, 빈센조?"

"예수님이 아픈 사람을 낫게 할 수 있다고 믿으세요?"

"글쎄다, 빈센조. 나에게는 모두가 너무나 새로워서."

너는 알고 있었다. 유대인 가정에서 태어나고 자란 내게 신약을 읽는다는 것이 어떤 의미인지. 이는 믿음에 대한 새 장을 여는 것과 같았다.

"약속해 주세요. 예수님 말씀을 읽으신다고요. 저는 하느님이 아픈 사람을 고친다는 걸 믿어요. 그러니까 선생님도 꼭 믿었으면 해요."

'빈센조, 왜 나의 믿음이 그토록 중요했던 거니? 왜 그토록 오래, 그리고 간절히 '구해 달라'고 애원했던 거니? 하느님이 고쳐 주지 않을까 두려웠니? 내가 어둠 속에서 살게 될까 겁이 났니? 천국에 가기 위해서는 먼저 나를 구해야 할 것 같아 걱정이 되었던 거니?'

내 아버지의 집에는 거처할 곳이 많다. 그렇지 않으면 내가 너희를 위해 자리를 마련하러 간다고 말했겠느냐?

자리가 모두 마련되면 너희를 데려다가 나와 함께 있게 하겠다. 너희는 내가 어디로 가는지 그 길을 알고 있다.

내가 신약성경을 가지고 거실로 들어서는 모습을 보고 기쁨의 눈물을 흘리던 네 모습을 기억한다. 나는 지금, 너를 잘못 이끌었던 것은 아닌지 자문해 본다. 너를 좀더 이해하기 위해 네 종교에 대해 많이 배우고 싶었던 것이 사실이다. 하지만 그렇게 해서 신에 대한 경외로 가득한 너의 세상에 얼마다 다가섰을까?

매일 밤 나는 너에게 성경을 읽어 주었다. 그러는 동안 너에 대해 좀더 알게 되었다. 그리고 겁에 질렸으나 여전히 믿음을 잃지 않는 두 눈을 통해 너의 신에 대해서도 알게 되었다.

내가 가장 자주 읽어 준 구절은 로마서 6장 23절 말씀이었다.

죄가 주는 품삯은 죽음이지만 하느님의 은사는 우리 주 예수그리스도 안에서 받는 영원한 생명입니다.

나는 엷은 색도화지 위에 이 말씀을 적어서 거실 벽에다 나지막이 붙여 두었다. 네가 침대에 누워서도 언제든 볼 수 있도록 하기 위해서였다.

'도대체 무슨 죄를 지었던 거니, 빈센조? 네가 잘못했다고 믿고 있는 것은 무엇이었니?'

너의 절규가 지금도 선하다. 현관 앞에 쭈그리고 앉아 네 아버지가 문을 열어 줄 때까지 기다리다가, 천지를 뒤흔드는 듯한 비명을 들었다. 그 순간 비로소 너의 아픔을 깨달았다.

"사실이 아니야! 그럴 리 없어! 난 아니야!"

너는 어둠 속에 누워 울부짖었다. 그리고 어머니를 향해 고함을 지르며 나중에 두고두고 후회할 말들을 토해냈다.

"나가, 당장 나가란 말이야!"

건강할 때에는 생각할 수도 없던 일이라는 것을 우리는 모두 잘 알고 있었다. 그래서 너를 용서했다.

'모르핀 때문이었니? 기도를 드리고 있었니? 아니면 악마와 싸우고 있었어?'

그토록 너를 힘겹게 만든 것이 무엇이었는지 앞으로도 영원히 알 수 없으리라는 사실 때문에 마음이 아프다. 하지만 나는 언제나 네 곁에 서 있었다. 고통과 슬픔의 시기를 겪어내고 있을지라도 친구만은 진실하다는 것을 보여 주려 애썼다. 밤이 오면 너는 방 안으로 발을 들여놓지 못하게 했다. 그리고 나는 그 뜻을 존중했다.

'사랑과 우정의 감정이 싹틀까 봐 두려웠니? 나를 구원하지 못하면 하느님이 너를 받아 주지 않을까 두려웠니? 가혹한 운명을 주신 그분이 원망스러웠니? 외롭고 쓸쓸한 어둠이 너를 혼미하게 만들었니?'

얼마 지나지 않아 너는 병원으로 옮겨졌다. 아버지는 수혈을 원했다. 힘을 내기 위해서는 적혈구가, 그리고 혈액 응고를 위해서는 혈소판이 필요했기 때문이다. 하지만 너는 다시 집으로 돌아가지 못했다. 너의 호흡이 점점 가빠지고 얕아지는 동안 부모님은 침대 곁을 떠나지 않았다. 두 분은 성경책을 읽으며 하느님의 기적을 애타게 기다렸다. 찾아온 모든 이들에게 어머니는 확신에 찬 목소리로 말했다. 네가 곧 나을 것이라고.

더 이상 의사들이 할 수 있는 일은 없다고 전하는 내게 어머니는 미소를 지었다. 그리고 다정한 목소리로 그리스도의 부활을 믿는지 물었다.

나는 고민 끝에 입을 열었다.

"아드님은 제게 하느님의 사랑과 그분의 뜻에 대해 가르쳐 주었습니다."

그러고 나서 고개를 숙인 채 말을 이었다. 지금 가장 중요한 것은 부활에 대한 어머님의 깊은 믿음이라고. 하지만 그분은 알고 있었다. 네 침대맡에 앉아서 몇 주 동안이나 함께 성경을 읽고 배우고 나눴음에도 불구하고 내가 아직 믿지 못한다는 사실을.

그분이 얘기했다.

"그러면 더 이상 우리를 도와주실 수 없겠군요."

어머니가 성경을 읽고 아버지가 지켜보는 동안 나는 침대 옆에 앉았다. 우리는 조용한 병실 안에 함께 있었다. 나는 평화롭다고, 너무도 평화롭다고 생각했다.

점점 네 호흡이 가늘어지고 얕아졌다. 그리고 마침내 네가 마지막 숨을 내쉬었다. 나는 어머니를 바라봤다. 우리는 눈빛을 주고받으며 이것이 마지막임을 받아들였다. 그렇지만 아버지는 무슨 일이 일어난 것인지 이해하지 못했다. 그분은 겁에 질려 나를 쳐다봤다. 그분은 내가 뭔가를 해 주기를 애타게 기다리고 있었다. 하지만 나는 꼼짝도 하지 않고 그대로 앉아 있었다. 다만 너의 믿음과 너에 대한 하느님의 뜻을 경외했다.

어머니는 아버지의 손을 꼭 잡고 네게 이끌었다. 그리고 함께 너의 눈을 감겼다. 어머니가 나를 보듬은 채 하느님을 찬미했다.

"하느님께서 기적을 행하실 거라고 했지요. 우리 아들을 고쳐 주실 거라고요. 그분은 정말 그러셨어요. 이제 아들 녀석은 하느님과 함께 있어요. 마침내 치유된 거예요."

나는 지금 마음속에 자리 잡은 수많은 염원을 담아 기도한다. 네가 경이와 영광으로 가득한 세상에서 다시 살기를. 네가 도착한 그곳에 그분이 함께 있기를. 그분의 품 안에서 끝없는 사랑으로 눈부시게 빛나기를. 하느님이 너를 그분의 나라로 안내해 주기를.

빈센조, 너와의 약속을 잊지 않았다. 나는 네가 그토록 사랑한 성경을 열심히 읽으며 오늘도 믿음의 여정을 이어 가고 있다. 그리고 너의 신념과 사랑이 가진 치유의 힘, 사랑하는 모든 이가 구원되리라는 사실을 진정으로 믿는다.

추신

치유의 과정에서 믿음은 어떤 힘이 있을까? 우리는 잘 알고 있다. 신념과 신앙, 종교가 없다면 삶과 행동에서 진정한 의미를 찾기 힘들다는 사실을 말이다. 알 수도 정의를 내릴 수도 없는 바로 그 믿음 없이 진정한 치유가 가능할지, 스스로에게 물음을 던져 봐야만 한다.

래리 도시 박사는 자신의 책 《치유의 언어》에서 기도와 믿음의 신비에 대한 깨달음이 놀라운 결과를 낳는다고 확신했다. 믿음으로 치유가 된다는 것이다. 그는 이러한 신비로운 현상은 뿌리가 깊다고 말했다.

"아무리 노력한다고 해도 이를 완전히 뿌리 뽑을 수는 없을 것입니다."

또한 칼 융은 우리가 수많은 경험을 통해서 질병을 치유하는 방법을 스스로 찾아낸다고 말했다. 그는 질병이란 마음에서 비롯된다고 주장했다.

슬픔에 잠겼을 때라도 아침이 오면 우리는 자리를 털고 일어난다. 그리고 자신이 인간임을 상기시키는 사소한 일들을 한다. 아이들을 위해 도시락을 준비하고 연체된 세금을 내면서 우리가 이 세상에 속한 무수한 '사물' 중 하나임을 확인한다.

하지만 어둠이 밀려오면 우리는 고통 속에 홀로 남는다. 그 순간 우리는 종교에 기댄다. 교우들의 모임에서 위안을 찾거나 나아갈 방향을 알기 위해 영적인 지도자에게 의지하는 이도 있다. 그들은 인생이란 길고 긴 여정에서 마침내 결승선을 통과하기 위해서는 인내와 끈기, 각고의 노력이 필요하다는 사실을 발견한다.

이러한 결심의 밑바탕에는 우리가 그곳에 도착했을 때, 신이나 사랑하는 이가 두 팔 벌려 반갑게 맞아 줄 것이라는 불멸의 믿음이 자리 잡고 있다. 우리 대부분이 믿음 없이는 슬픔을 이겨낼 수 없기 때문이다.

슬픈 시기에 성경은 의미를 찾는 출발점이 된다. 인간의 고통 이면에 숨어 있는 의미를 찾는 동안, 우리는 위안이 없이는 세상을 받아들일 수 없음을 깨닫는다. 죽음의 아우슈비츠 수용소에서 극적으로 살아남은 빅터 프랭클은 말한다.

"의미란 주어지는 것이 아니라 찾아내는 것이다. 인간은 이를 만들어낼 수 없지만 발견할 수는 있다."

정신분석학자 어빈 얄롬의 말처럼 "삶의 고통이 어디에서 기인하는지"를 이해하기 위해 끊임없이 노력하는 일은 우리 몫으로 남겨졌다. 어쩌면 해답은 우리의 이해를 벗어난 차원일지도 모른다는 사실을 알면서 말이다.

우리 대부분은 무조건적으로 신의 뜻을 받아들임으로써 이 임무를 포기하며 편안함을 찾는다. 사랑하는 사람을 떠나보내고 슬픔에 잠긴 이들은 말한다.

"신께서는 그 사람을 위한 계획을 갖고 계셔. 과거의 고통을 견뎌낸 것은 믿음이 있었기 때문이야. 그리고 이제 그 믿음이 나를 지탱해 줄 거야."

고통스러움에도 불구하고 운명이 정해졌음을 받아들이지 않는 이들도 있다. 대신 무관심하고 혼란스러운 세상에 정면으로 맞서는 것이다. 우리의 기도가 무시당하는 것만 같아 더 이상 신을 믿어야 할 이유가 없는 것처럼 느껴진다. 우리는 묻는다.

"도대체 신은 왜 이런 일이 일어나도록 그냥 내버려 두는 거지?"

대답은 막연하기만 하다. 어떠한 의미나 형식을 찾을 수 없을 때 우리는 불만과 무력감을 느낀다. 하지만 고통의 의미를 풀어낼 수 있다는 믿음이 없는 것은 스스로에게서 고통을 이겨낼 기회를 빼앗는 것과 같다. 더욱이 의미를 찾기 위한 우리의 노력이 헛된 것이라고 믿는다면 빅터 프랭클이 말한 '성공적으로 고통을 극복해내는 능력'을 잃게 될지도 모른다.

어떤 종교든 그것에 대한 신념은 우리에게 나아가야 할 방향과 삶의 목적을 가르쳐 준다. 슬픔을 이겨내는 길고 긴 여정이 그 무엇보다 힘겨울 뿐만 아니라, 고통과 불확실함으로 가득하다는 사실을 우리는 잘 안다.

하지만 믿음을 가질 때, 그 길을 홀로 걷고 있지 않다는 사실을 깨닫게 되며 생존의 기회 또한 훨씬 많아진다. 의미를 찾고자 하는 여정에서 우리를 보다 강인하게 만들어 주는 것은 바로 희망이다.

결국 우리가 던진 질문은 먼 훗날 하늘나라에서 비로소 그 답을 얻게 될 것이다. 모든 것이 옳고, 더 이상 '고통스럽지 않은' 바로 그곳에서 말이다. 그러니 지금 이 순간 가장 중요한 것은 믿음이 우리를 구원해 사랑하는 이들이 머무는 곳으로 데려다 줄 것이며, 우리 또한 치유될 것임을 깨닫는 일이다.

이해에 대한 교훈

사랑으로 만든 것은 결코 버릴 수 없다.

| 매들린 랭글 |

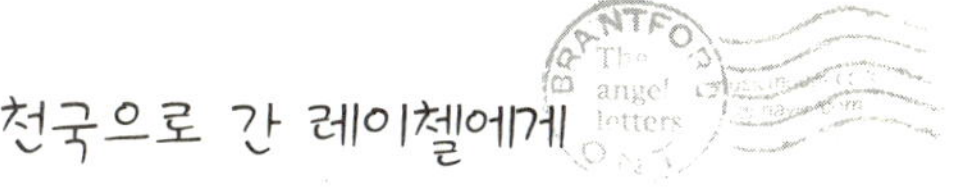

어떤 아이가 말했다.

"천국은 두 가족이 함께 사는 집과 같아요. 위층에는 하느님이, 아래층에는 할머니가 살고 있는 이층집이요."

이렇게 말한 아이도 있었다.

"천국은 온갖 장난감으로 가득 찬 정말 멋진 곳이에요. 모두들 자기 날개와 잘 어울리는 긴 티셔츠를 입고 있죠."

종종 죽음 이후의 삶에 대한 아이들의 시각에는 마술처럼 건강이 회복되기를 바라는 개인적인 소망이 담긴다. 자신을 사랑하는 신이 그들의 몸과 마음을 고쳐 주리라는 믿음. 혹은 오랫동안 잊혔던 할아버지의 할아버지, 할머니의 할머니가 그동안 자신들을 위해 새롭고 안전한 장소를 마련해 두었으리라는 기대. 그리고 그곳에서 병이 나아 멋진 어른으로 자라나고 싶은 꿈까지 모두 담겨 있는 것이다.

하지만 너와, 네가 세상을 떠나고 난 뒤의 이야기 속에는 어떠한 마법도 등장하지 않는다. 사랑하는 이를 떠나보내고 남은 사람들은 그저 힘겹게, 불안하고도 어두운 슬픔의 터널 안을 걸어야 했다. 그 어떤 것도 힘이 되어 주지 못했다. 너의 가족들은 천국도, 천사도, 죽음 이후의 삶도 믿지 않았다.

'어떻게 하면 남겨진 가족들이 좀더 편안해질 수 있을까? 레이첼, 어디로 간 거니? 정말로 천국이 없다면, 그러면 어떻게 너를 기억해야 하는 거니?'

너의 가족들과 함께 있을 때면 언제나 이런 질문들이 꼬리를 물었다. 특히 네가 세상을 떠났을 때 겨우 네 살이었던 오빠와 함께 있으면 더욱 그랬다.

삶에서 죽음으로 건너간 너의 고통스러운 경험 속에는 어떠한 교훈이 담겨 있는 것일까?

너는 자기 이름이 뭔지 알 수도 없을 만큼 너무 어렸다. '엄마'라는 말을 할 수도 없을 만큼 약했다. 무척 짧았던 몇 달의 삶을 뒤로 한 채 너는 이 세상을 떠나갔다.

너는 무척 많은 사랑을 받았다. 다정한 어머니에게 너는 무엇과도 바꿀 수 없는 귀한 딸이었다. 아버지는 어릴 적에 들었던 노래를 모두 너에게 불러 주었다. 그렇게 해서라도 사랑하는 마음을 전하려 애썼다. 그때 막 글을 깨우친 오빠는 날마다 동화책을 읽어 주었다. 너는 언제나 미소를 지었다. 반짝이는 두 눈에는 항상 안락함과 포근함이 가득했다. 부모님과 오빠의 사랑을 느끼고 있던 것이 분명했다.

부모님이 물었다.

"얘 오빠한테 뭐라고 말해야 할까요? 이 상황을 어떻게 설명하면 좋죠?"

"동생 머리의 상처가 낫지 않았다고 얘기해 주세요. 의사 선생님들이 동생에게 준 약이 상처를 모두 치료할 수 있을 만큼 강하지 못했다고요."

"이 일이 아들 녀석에게 큰 두려움으로 남으면 어쩌지요? 어느 날 갑자기 공포로 나타나지는 않을까요? 대부분의 상처는 모두 치료될 수 있다는 사실을 어떻게 알려 줘야 할까요?"

"레이첼의 병은 아주 희귀한 것이라 똑같은 병에 걸릴 위험은 전혀 없다고 알려 주세요. 전염되지 않으니 뽀뽀를 하거나 손을 잡아도 된다는 것도요. 그리고 레이첼은 여전히 부모님과 가족 모두에게 정말 소중한 존재라는 사실을 아들에게 되새겨 주세요."

의사로부터 네가 죽어 가고 있다는 사실을 듣자마자, 어머니는 아버지에게 전화를 걸었다.

"어서 와요. 아론도 꼭 데려와요. 우린 한 가족이니까요."

아버지가 병실로 달려 들어왔다. 충격에 사로잡힌 눈빛이었다. 더 이상 어찌해 볼 도리가 없다는 좌절감에 괴로워하고 있었다. 고통스런 싸움이 끝을 향해 치닫고 있었다. 응답 없는 기도로 인해 약해지고 지칠 대로 지쳐 버린 부모님이 너를 지켜보고 있었다.

어머니는 너와 함께 마지막을 보내는 그 소중한 순간이 온 가족이 함께하는 평온하고 사랑이 가득한 시간이길 바랐다.

"아론, 동생한테 동화책을 읽어 주렴."

그분의 목소리는 슬픔으로 가득했다. 커다란 베개 때문에 너는 더 작고 가녀리게 보였다.

"아론, 동생한테 동화책을 읽어 주거라. 넌 책을 정말 잘 읽잖니."

오빠가 침대 위로 올라갔다. 그러고는 네 작은 발 아래쪽에 웅크리고 앉았다. 그 순간 네게 책을 읽어 주는 것이 왜 그토록 중요한지 이해하지는 못했지만, 첫 장부터 천천히 읽어 내려가기 시작했다. 네가 제일 좋아하는 동화책, 《잘 자요, 달님》이었다.

커다란 녹색의 방 안에 전화와 빨강색 풍선, 달을 향해 껑충껑충 뛰어오르는 젖소 그림이 놓여 있었어요.

어머니가 네 옆에 앉았다. 아버지도 반대쪽에 자리를 잡았다. 그리고 오빠가 큰 소리로 동화책을 읽는 동안 네게 입맞춤을 건네며 귀에다 무슨 말인가 속삭였다.

그리고 의자 위에 있는 작은 곰 세 마리와 새끼 고양이 두 마리, 벙어리장갑 한 쌍과 작은 인형 집, 그리고 어린 쥐 한 마리가 있었어요.

네가 살며시 움직였다. 작은 손은 여전히 나무판에 테이프로 고

정되어 있었다. 정맥을 통해 치료제와 진통제를 투여하기 위해서였다. 아버지가 머리카락 한 올 없는 네 머리를 부드럽게 어루만졌다. 결국 이렇게 끝나고 마는 길고 긴 여정으로 인해 그분은 지칠 대로 지쳐 있었다.

그리고 빗과 칫솔, 옥수수 죽이 가득 담긴 접시와 조용히 하라고 속삭이는 나이가 아주 많은 할머니가 있었지요.

어머니는 네 오빠가 너를 잃는 슬픔에 좌절하거나 어찌할 바를 몰라 서성이지 않도록 동화책을 읽게 한 것이었다. 그분은 너와 함께하는 그런 순간이 다시 오지 않을 것임을 잘 알고 있었다. 잠이 들 때까지 보듬고, 자장가를 불러 줄 수 있는 시간 또한 이제 곧 다할 터였다.

방도 안녕, 달님도 안녕. 달님을 향해 껑충껑충 뛰어오르는 젖소도 안녕. 햇살도 안녕, 빨강색 풍선도 안녕.

'슬픔으로 가득했던 그 순간 어머니는 무슨 생각을 했을까? 네가 처음 세상에 태어나던 날을 회상했을까? 아버지는 기적이 일어나기를 기도했을까? 아니, 1시간 만이라도 더 너와 함께 있게 해 달라고 빌었을까?'

빛도 안녕, 그리고 칫솔도 안녕. 모두들 안녕. 옥수수 죽도 안녕, 그리고 조용히 하라고 속삭이는 할머니도 안녕.

오빠는 사랑스런 목소리로 책을 계속 읽어 내려갔다. 나지막한 음성이 엄숙함으로 가득한 병실 안을 환하게 비추었다. 네가 숨을 거두는 그 순간에도 오빠는 이를 깨닫지 못한 채 동화책에 나오는 꾸밈없는 단어들을 정성껏 읽고 또 읽었다. 오직 너를 위해서였다.

별도 안녕, 공기도 안녕. 요란스런 소리들도 안녕. 모두모두 잘 자요.

나는 네 오빠 손을 이끌고 병실에서 나왔다. 그리고 복도 끝에 있는 사무실로 갔다. 부모님에게 너와 함께할 수 있는 시간을 선물하기 위해서였다. 오빠는 복도 끝의 컴컴한 병실 안에서 어떤 일이 일어났는지 알지 못했다. 다만 네가 제일 좋아하는 이야기를 읽어 줬으니, 네 기분이 훨씬 나아졌을 것이라 믿고 있을 뿐이었다.

두 달 뒤에 네 가족을 찾아갔다. 집 안은 손님들로 가득했다. 모두들 부모님이 얼른 슬픔을 털고 일어나기만을 빌었다. 네 오빠는 뒤뜰에 서서 하늘을 올려다보고 있었다.

내가 다가가 물었다.

"뭐 하고 있니, 아론?"

"새를 찾고 있어요."

"새를? 왜?"

"달님에게 소식을 좀 전하려고요. 제 동생이 거기 있거든요."

"동생에게 무슨 말을 하려고?"

"집에 오라고 얘기하고 싶어요. 얼른 집으로 돌아와, 레이첼."

슬픈 날들을 함께 겪으면서 너의 가족과 나의 우정은 점점 더 깊고 강해졌다. 나는 아론과 많은 시간을 같이 보냈다. 네 오빠가 부모님의 바람처럼 제때 잠자리에 들고 방을 깨끗하게 정돈할 수 있도록 도우려 애썼다. 하지만 아론은 아무도 속 시원히 대답해 주지 않는 두 가지 질문에만 집착했다. 다른 것에는 아무런 관심도 보이지 않았다.

"제 동생은 어디 있어요? 그리고 언제 집으로 돌아오나요?"

나는 알맞은 대답을 찾기 위해 고심했다. 부모님이 천국이나 죽음 이후의 삶에 대해 믿지 않는다는 사실을 알고 있었기 때문이다. 그리고 그분들은 네게 무슨 일이 있었으며 어디로 갔는지 아론에게 설명할 준비가 아직 되어 있지 않았다.

어머니가 네 오빠에게 얘기했다.

"동생은 너의 가슴속에 있단다."

하지만 네 살이었던 아론은 도무지 이해할 수 없었다. 너만 한 크기의 사람이 어떻게 그것보다 작은 자기 가슴에 쏙 들어갈 수 있는지, 또 어쩌다가 그 안에 들어가게 되었는지를 말이다.

내가 어머니에게 제안했다.

"동생의 몸이 움직이는 것을 그만 멈추었다고 얘기해 주세요. 그래서 더 이상 숨을 쉴 수도, 트림을 할 수도, 웃을 수도 없게 되었다고요. 그러고 나서 동생의 몸을 상자에 잘 담아서 땅속에 묻어 두었다고 설명해 주세요."

어머니가 울음을 터뜨렸다.

"그런 일들을 말해 줄 수는 없어요."

"왜 그럴 수 없나요?"

"무덤에 대해서 알기에는 그 애가 너무 어리다고 생각 안 하세요? 비가 올 때는요? 그리고 수많은 벌레들은요?"

"무슨 말씀이신지 이해가 잘 안 되네요."

"그 녀석, 비가 내리면 동생이 젖을까 봐 걱정하지 않을까요? 땅 속에 있는 벌레들을 두려워하게 되면 어쩌죠?"

나는 잠시 침묵하며 생각에 잠겼다. 어머니의 질문에 가장 적절한 대답을 찾기 위해서였다. 죽음을 완전히 무해하게 만들 수는 없었다. 부모님의 생각이 사실과 다르다고 확언할 수도 없었다. 대신 부모님이 느끼는 감정과 두려움 속으로 아론마저 빠져들게 하지 않으려고 애썼다. 그리고 질문에 대답해 주지 않으면, 점점 커져 가는 상상력으로 인해 결국 아론이 더 큰 고통과 혼란을 겪게 되리라는 사실을 부모님이 이해하도록 도왔다.

어머니는 눈물을 흘렸다. 그리고 나의 얘기에 귀 기울이려 노력했다. 부모님은 아무 말도 하지 않았다. 다만 어두운 슬픔의 터널 안을 지나는 자신들의 힘겨운 여정으로 어린 아들을 끌어들여서는 안 된다는 생각에 조금씩 마음을 열었다.

일주일 뒤에 아론이 찾아왔다. 사무실 문을 열고 미소가 가득한 얼굴을 쏙 내밀더니 이내 바짝 다가왔다. 그러고는 자신감이 넘치는 목소리로 말했다.

"비밀이 하나 있어요."

"그러니? 무슨 비밀인데?"

"제 동생이 어디 있는지 알았어요."

"그래? 동생이 어디 있지?"

"동생은 위생실에 있어요."

"위생실? 위생실이 뭐야?"

"사람들이 죽으면 가게 되는 곳이에요. 몸을 상자에 담아서 땅에 묻어요. 거긴 아주 근사해요. 나무도 많고 커다란 바위들도 있거든요. 그리고 제가 원할 때면 언제든지 가 볼 수 있어요. 동생한테 가고 싶으면 동생 바위 옆에 앉기만 하면 돼요. 그러면 동생한테 얘기를 하거나 좋아하는 동화책을 읽어 줄 수도 있거든요."

우리는 함께 환하게 웃었다. 아론이 마침내 어디로 가면 너를 찾을 수 있는지 알게 되었기 때문이다. 네 오빠는 비가 올 때 일어나게 될 일이나 추운 날씨, 벌레들에 대해서는 한마디도 묻지 않았다. 나는 천국이나 영혼, 죽음 이후의 삶에 대한 어떤 이야기도 하지 않았다. 이 모두가 네 가족이 확신하지 않는 것들이었고, 나는 그분들의 바람을 존중하고 싶었다.

아론이 너를 찾게 되어 기쁘다. 오빠가 너를 자주 찾아가 많은 이야기를 들려준다는 사실을 잘 알고 있다. 네게는 이제 두 명의 남동생이 더 생겼다. 네가 세상을 떠나고 몇 년이 흐른 뒤에 태어난 동생들이다.

사람들이 가족이 몇 명이냐고 물으면 아론은 언제나 이렇게 대답한다.

"남동생 두 명이랑 여동생 한 명이요."

그리고 네가 몇 살이며 어디에 살고 있는지 물으면 이렇게 얘기한다.

"레이첼은 항상 제 마음속에 있어요. 여동생은 제가 아주 어릴 때 세상을 떠났어요. 하지만 저는 자주 동생을 만나러 가요. 그 애가 어디 있는지 알거든요."

그리고 하늘을 올려다보다가 달이 모습을 드러내면 아론은 밝게 미소 짓는다. 이제 너와 나는 비밀을 간직하고 있기 때문이다. 네가 어디에 있는지를, 그리고 그곳에서 안전하게 잘 지낸다는 사실을 알고 있기 때문이다.

 추신

죽음에 대해 아이들은 우리에게 무엇을 가르쳐 줄까? 또한 삶과 죽음에 대한 그들의 이해가 어른들과 확연한 차이를 보임에도 불구하고 어떻게 우리를 보다 건강한 극복의 길로 안내할 수 있을까?

죽음과 타협해야 하는 아이들을 돕다 보면, 우리는 자신의 두려움과 소망, 믿음에 대해 더 많이 알게 된다. 그러니 죽음과 상실에 대한 어린아이들의 시각을 이해하면 슬픔과 회복에 대한 새로운 교훈들을 배우게 될지도 모른다.

어린아이들이 생각하는 방식은 신비롭다. 이것이 그들의 인식과정에 나타나는 두드러진 특징이다. 아이들과 죽음에 대한 이야기를 나누다 보면 그들이 어른들과는 분명 다른 언어로 이해하고 말한다는 사실을 발견하게 된다. 변화와 시련의 시기에는 더욱 그러하다. 상실을 표현하는 그들의 어휘에는 은유와 마법, 모험이 가득하다. 슬픔에 잠긴 아이의 내면세계에는 천사와 유령, 가공의 인물에 대한 공상이 넘쳐 나기도 한다.

나이에 따라서 아이들은 죽음과 이에 수반되는 모든 것들에 대해 새롭거나 변화된 의미를 부여하기도 한다. 그러므로 슬픔에 대한 우리의 느낌을 아이와 함께 나누고 그들의 이야기에 귀 기울여야 한다. 아이들의 인식이 발전하고 변화하는 모습을 눈여겨봐야 한다.

연구에 따르면 인식이 발달되기 전까지 죽음에 대한 아이들의 인식은 어른들과 세 가지 측면에서 중요한 차이점을 보인다고 한다. 일고여덟 살 이전의 아이들은 죽음이란 결코 피할 수 없는 것임을 이해하지 못한다. 누구든 한 번 죽으면 다시 살아날 수 없으며 죽음이 지극히 보편적이고 자연스러운 것임을 알지 못한다. 그러니 애완동물이나 나이가 많은 사람뿐만 아니라 모두가 언젠가는 죽는다는 것을, 병이나 사고, 부상 때문이라는 이유만 다를 뿐 죽음은 어찌해 볼 도리 없는 운명이라는 것을 받아들이지 못하는 것이다.

그보다 어린아이들은 죽음에 대해 확연히 다른 시각을 가진다. 예를 들어 우리도 알고 있듯이 세 살 이전의 아이들은 오직 애완동물만 죽는다고 믿는다. 사람은 절대 죽지 않는 줄로 알고 있는 것이다.

하지만 네 살 무렵이 되면, 대부분의 아이들은 대화를 할 때 '죽음'이라는 단어를 사용한다. 그 단어가 주변 어른들에게 슬픔을 가져다준다는 사실을 어렴풋이 깨닫는다. 그러나 이 시기의 아이들에게는 '죽음'이 슬픔과 연관되지는 않는다. 이는 네 살짜리 아이가 우리에게 우는 이유를 물을 때 우리의 설명이 충분한 대답이 되지 못할 수도 있음을 의미한다.

다섯 살 무렵, 아이들은 죽음을 분리의 개념으로 인지한다. 다시 말해, 죽은 사람들은 천국에 간다고 믿는 것이다. 하지만 대부분의 다섯 살배기 아이들이 죽음을 완전히 이해한 것은 아니다. 그들은 이렇게 물을 것이다.

"저는 할아버지가 천국에 계시다는 걸 알아요. 하지만 집에는 언제 돌아오시는 거죠?"

이러한 질문에 귀 기울이는 것은 무척 중요하다. 자신의 잘못으로 인해 사랑하는 사람이 천국에 갔다는 환상을 품게 될 수도 있기 때문이다. 혹은 이렇게 말할지도 모른다.

"내가 잘못하면 아빠가 알아채고 나를 혼내러 천국에서 내려오실 거야."

자녀들에게 죽음과 죽음 이후의 삶에 대한 생각을 물어야 비로소 그들의 소망과 두려움, 오해를 분명히 알 수 있다. 천국에는 세상을 떠난 사랑하는 사람들과 천사가 가득하다고 믿는 아이들이 있는가 하면, 자신에게 해를 끼칠 마법과 같은 일들이 일어나는 곳이라고 믿는 아이들도 있다는 사실을 기억해야 한다.

여섯 살이 되면, 마침내 아이들이 죽음에 대해 구체적으로 이해하게 된다. 문자 그대로 죽음을 받아들이기도 한다. 우리는 이들에게 얘기한다. 죽은 사람들은 더 이상 트림을 할 수도, 딸꾹질과 기침을 할 수도 없다고. 그리고 세상을 떠난 사람들은 더 이상 고통과 슬픔, 외로움을 느끼지 않는다고 강조한다.

우리는 이들에게 죽음이란 몸과 마음의 기능이 멈춰 버리는 것을 의미한다는 사실을 가장 쉬운 단어로 설명한다. 이 또래의 아이들은 질병이나 많은 나이, 그리고 사고가 죽음과 어떠한 관계가 있다는 것을 깨닫기 시작한다. 또한 여섯 살배기 아이들은 나이와 상관없이 누구나 죽을 수 있다는 사실을 이해한다. 나이가 많거나 아픈 사람만 죽는 것이 아님을 알게 되는 것이다.

일곱 살에서 아홉 살 아이들은 대부분 죽음 이후에 관한 보다 성숙한 이해 단계에 접어든다. 주변에서 접하게 되는 죽음에 대한 관심도 증가한다. 이 또래의 아이들은 상실감에서 오는 슬픔을 표현한다. 눈물을 통해 드러나기도 하지만 주로 행동이나 식욕, 그리고 기분의 변화를 통해 아픔을 나타낸다.

지나치게 미화하거나 혹은 문자 그대로 해석하려는 경향을 보이기도 한다. 이 또래의 아이들은 일반적으로 죽음에 대한 호기심을 가지고 있다. 그리해 우리는 아이들의 질문에 보다 분명하고 간단하며 진실한 대답을 준비해 둘 필요가 있음을 깨닫게 된다.

아이들과 죽음에 대해 허심탄회한 대화를 나누다 보면 상실에 대한 우리들의 경험을 보다 가치 있는 시각으로 바라볼 수 있게 된다. 아이의 나이나 죽음에 대한 인식의 정도는 중요하지 않다. 죽음이 의미하는 바를 아이들에게 완전히 이해시키기 위해 애쓰는 동안 우리는 필연적으로 자신의 두려움과 소망, 믿음에 대해 더 많이 배우게 된다. 너무도 무서운 나머지 알고 싶지 않은 일들을 아이들로부터 자세히 듣게 될지도 모른다. 떠난 사람을 다시 만나고 싶고, 원래대로 돌아가고 싶은 아이의 솔직한 바람을 듣고 소리 없이 아파하게 될지도 모른다. 하지만 아이들은 세상을 떠난 이들과의 유대감을 표현할 수 있는 방법이 아주 다양하게 존재한다는 사실을 이해하기 시작한다.

어린아이가 죽음과 이별, 상실에 대해 품고 있는 금지된 꿈과 두려움은 우리들 마음속 깊은 곳에 자리 잡은 진실을 그대로 투영하는지도 모른다. 우리 모두는 삶이 가져다주는 고통으로 인해 괴로워한다. 하지만 아이들 또한 아파하고 있다는 사실을 잊어서는 안 된다. 상실과 회복의 힘겨운 여정을 경험한 아이들의 고통스러운 이야기에 귀 기울일 때, 부모인 우리 또한 인간이며 모든 답을 가지고 있는 것은 아니라는 사실을 이해하게 된다.

어쩌면 아이들이 우리가 알아야 할 모든 것들을 말해 줄지도 모른다. 가장 중요한 것은 우리 또한 아이들처럼 끊임없이 세상에 대해 질문을 던져야 한다는 것이다. 그러다 보면 오늘은 알지 못하는 것들을 조금 더 나이가 들어 현명해지고 정신적으로 성숙해진 어느 날, 이해할 수 있게 될 것이다. 설령 완전히 깨닫지는 못할지라도 말이다.

하지만 그날이 올 때까지 우리는 아이들과 이야기를 나눠야 한다. 그들이 준비가 될 때까지 같이 울고 웃어야 한다. 그리고 함께 나눈 슬픔이 우리를 한 가족으로 묶고 위로해 주는 것을 너그러이 허락해야 한다.

친밀한 관계에 대한 교훈

모든 풀잎에는 천사가 살고 있다. 그 천사는 날마다 풀잎에 기대 속삭인다. "자라렴, 무럭무럭 자라렴." | 탈무드 |

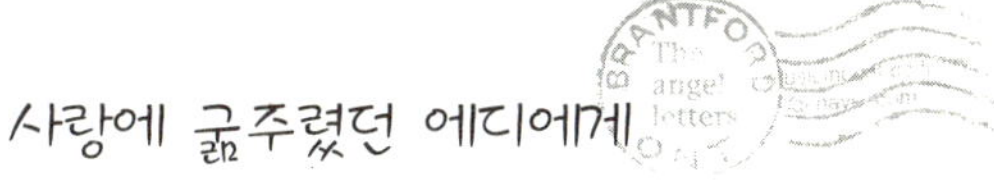

정말 궁금하다.

'엄마의 손길, 아빠의 입맞춤과 포옹, 그리고 친밀함에 대한 무언의 약속들을 경험해 본 적이 있니? 어깨를 포근히 감싸는 엄마의 냄새를 맡으면서, 귓가에 속삭이는 아빠의 목소리를 들으면서 잠을 청해 본 적이 있니?'

넌 네 살이었다. 암과 빠지는 머리카락, 그리고 몇 달 동안의 긴 병원 생활을 감당하기에는 너무 어린 나이였다. 기쁨은 순식간에 다른 사람의 마음을 이해하게 한다. 하지만 우리가 느낄 수 있는 너의 마음은 고통과 친밀함에 대한 갈증이었다.

너는 어느새 집이 되어 버린 소아과 6층 병동의 꼬마 대장으로 통했다.

'그러는 동안 어머니는 어디에 있었니? 우리가 모두 퇴근하고 난 깊은 밤에만 너를 찾아왔었니?'

너는 언제나 말했다.

"엄마가 금방 오실 거예요. 오늘은 좀 늦으시려나 봐요."

하지만 우리는 그분을 거의 보지 못했다. 갈아입을 새 속옷을 사다 준 사람도 그분이 아니라 간호사였다. 잠들 때까지 곁을 지켜 준 것도 병원 가족들이었다.

의사들은 네 개의 침대가 놓여 있는 커다란 병실을 너의 방으로 정했다. 소아 암센터가 아니라 여름 캠프의 숙소에 와 있는 것처럼 느끼기를 바랐기 때문이다. 너는 문에서 제일 가까운 침대를 선택했다. 다른 아이를 만나러 온 방문객들의 시선을 한 번이라도 더 받으려고 그리했다는 사실을 나는 이제야 깨닫는다.

너의 환한 미소와 머리카락 한 올 없이 반짝이는 머리는 사람들의 마음을 사로잡았다. 너와 눈이 마주치면 누구든 병실 안으로 천천히 걸어 들어왔다. 그들이 다가오리라는 것을, 그리고 옆으로 와 앉으리라는 것을 너는 잘 알고 있었다. 너는 더 재미있는 얘기와 게임들을 가지고 다시 들르겠다는 약속과 따뜻한 포옹을 받고서야 그들을 보냈다.

복도를 지나는 사람들에게 사탕을 받아내기 위해 같은 병실을 쓰는 친구와 계획을 세우기도 했다. 너와 크리스토퍼는 부모 대기실 한쪽 구석에 놓인 음식자판기 앞에 언짢은 얼굴로 서 있었다. 링거액을 매달아 놓은 봉에 기대선 채로 날마다 너희 둘은 그곳에 모였다. 옆에 연결되어 있는 모니터에서는 제법 요란한 소리가 났다. 이것 또한 그럴듯한 효과음으로 사용되었음은 물론이다.

결국 누군가의 마음이 흔들릴 때까지 방문객들에게 슬픈 눈빛을 던졌던 것이다. 그러면 잠시 후에 링거액이 연결된 봉을 밀고 복도를 가로질러 단숨에 병실로 달려가는 너희들의 모습을 볼 수 있었다. 물론 품 안에는 밤늦게까지 신나게 놀며 먹을 과자가 한 아름씩 들려 있었다.

어느 날 밤, 엘리베이터를 타러 가다가 네 병실 앞을 지나게 되었다. 그때 너는 침대 위에 혼자 앉아 있었다. 몸은 링거에 단단히 연결된 상태였다. 나는 다가가 간단한 인사를 건넸다. 그러다가 그만 너의 슬픈 눈빛에 마음을 빼앗기고 말았다.

"작은 음료수 한 병만 마셔도 될까요, 선생님?"

"아니, 에디. 아무래도 안 될 것 같구나. 음료수를 너무 많이 마시면 어떻게 되는지 의사 선생님한테 들어서 잘 알고 있지?"

"아주 작은 음료수 한 병도요?"

"글쎄다, 에디."

"그러면 저랑 게임 하실래요?"

고무공 놀이와 카드게임, 그리고 오목보다 간단한 삼목을 하다가 시계를 보니 벌써 1시간이나 지나 있었다. 나는 얼른 자리에서 일어나 문으로 향했다.

그러자 네가 다급하게 물었다.

"텔레비전은요, 선생님? 지금 뭐 하는지 같이 보실래요?"

병실에서 함께 텔레비전을 보던 일도, 네가 무릎 위로 올라와 잠들기 전까지 내 가슴에 얼굴을 비벼 대던 모습도 아직 기억에 생생하다. 세상의 그 어떤 약도 네가 진정으로 필요로 했던 한 가지보다 잘 듣지 않는다는 생각을 했다. 누군가와 친밀한 관계를 맺는다는 것. 네게 가장 소중한 약은 바로 그것이었다.

너는 누군가와 함께하길, 누군가의 어린 아들이 되길 간절히 바랐다. 그래서 나는 너와 함께 1시간을 더 보냈다. 아이들을 사랑하는 부모님의 마음과 너를 찾지 않는 그들을 생각하면서 네가 잠들 때까지 너를 안고 있었다. 그리고 너의 쾌유와 안녕을 빌었다.

네가 세상을 떠났을 때, 병실에 전화를 걸어 친구 크리스토퍼에게 그 소식을 알렸다. 그 애는 겨우 여섯 살이었다. 죽음이란 네가 다시 돌아오지 않는다는 의미임을 이해하기엔 너무 어린 나이였다. 나는 그 애와 꽤 오랜 시간 함께 앉아 있었다. 그리고 네 몸이 이제 그만 움직임을 멈추었다고 조심스럽게 설명했다. 인간의 몸이란 고치와도 같다고 얘기했다. 고치 밖으로 나와 하늘로 날아갈 날을 기다리는 예쁜 나비처럼 우리의 몸속에도 아름다운 영혼이 깃들어 있다고.

천국은 어떤 모습이냐고 크리스토퍼가 불쑥 물었다. 나는 모른다고 했다. 그리고 천국에 대한 그 애의 생각을 되물었다. 그러자 망설임 없이 무척 아름다운 곳일 거라고 대답했다. 넓고 넓은 하얀 들판에 장난감이 가득할 것이라는 말도 덧붙였다.

"장난감들이 무지 많은데 모두 하느님의 이름표가 붙어 있어요. 왜냐하면 다 하느님 거니까요. 그래도 에디는 원할 때면 언제든지 장난감을 가지고 놀 수 있어요."

크리스토퍼는 네가 매일 밤 잠든 어머니를 찾아가 두 볼에 입 맞출 거라고 했다. 어머니는 네가 곁에 있다는 것을 알 거라고 했다. 꿈속에서 너를 만날 테니.

천국이 크리스토퍼의 얘기와 꼭 같은 곳이기를 기도한다. 네가 사랑과 관심을 받고 있다는 사실을 느끼며 어머니의 꿈속으로 잘 찾아갈 수 있기를 기도한다. 몸은 치유되지 못했지만 마음만은 그리되었기를. 세상을 떠나 도착한 그곳에서, 나비처럼 아름다운 너의 영혼만은 모든 아이들이 마땅히 받아야 할 사랑을 마음껏 누릴 수 있기를 기도한다.

음료수를 마실 때면 이따금 네 생각이 난다. 그러면 이내 낯익은 목소리가 귓가에 울린다.

"작은 음료수 한 병만 마셔도 될까요?"

이제 너를 위해 건배하자, 에디. 그토록 간절히 원했던 모든 것들을 마음껏 마셔라. 천국에서 그토록 목말라했던 삶과 사랑, 친밀한 관계에 대한 갈증을 말끔히 씻어내라.

정신적인 충격이나 상실을 경험한 아이들은 사랑과 관심을 얻기 위한 자기만의 방법을 개발한다. 여기에서 어떤 교훈을 얻을 수 있을까?

우선, 충격을 받은 아이들은 대부분 다른 사람과의 관계에서 무력감과 단절을 경험한다. 그들은 육체적으로 그리고 정신적으로 많은 것들을 잃게 된다.

아파서 집을 떠나기 힘든 아이들은 독립심과 자유를 상실한다. 병원 침대에서 지내는 아이들은 밖에서 친구와 뛰어놀고, 가게에서 좋아하는 과자를 선택할 자유를 빼앗긴다. 게다가 생명을 구해 준다는 약의 부작용으로 머리카락이 빠지고, 기운이 없어지며, 면역력도 떨어진다. 이로 인해 자신감과 희망을 잃어버리기도 한다. 친구들이 자주 찾아오지 않을 수도 있다. 치료에 방해될까 두려워서, 혹은 무슨 말을 해야 할지 몰라서 방문을 망설이게 되기 때문이다.

가까운 친구나 가족들이 관심과 배려를 기울이지 않을 경우, 정신적인 충격을 받은 아이들은 친밀한 관계를 피하기 쉽다. 침대맡에 서 있는 손님들의 시선을 외면하고, 구석진 곳을 찾으며, 혼자 있고 싶어 하는 것이다.

정신적 충격을 받은 아이들의 정서 회복은 어려운 상황을 아이 스스로 얼마나 잘 통제하느냐에 달려 있다. '아니, 지금은 안 돼'라거나 '가지 말고 나랑 같이 놀자'와 같은 말은 무력감을 털어내는 데 큰 도움이 된다. 실제로 놀이에서 사용되는 언어는 세상 모든 아이들의 공용어다. 불행히도 어른들은 이를 이해하기가 쉽지 않다.

끝으로 사랑하는 사람과의 관계가 다시 회복되거나 인간관계를 새로이 맺을 때 감정적으로 성숙할 수 있다. 정신적 충격을 받은 아이들 다수는 무기력증을 경험한다. 이는 두려움이나 고독, 혹은 자신의 상태에 대한 있는 그대로의 정보를 접하지 못하는 데서 비롯된다. 상태가 실제보다 훨씬 더 악화되리라는 환상이 그들을 옭아맨다. 겁에 질린 아이에게 줄 수 있는 가장 훌륭한 선물은 친밀감이다. 사랑받는다는 느낌이야 말로 위험천만하며 한 치 앞도 내다볼 수 없는 삶을 살아가는 이들에게 가장 든든한 울타리가 된다.

안타깝게도 어른들은 친밀한 관계를 애타게 바라는 아이들의 이야기에 귀 기울이지 않는다. 상처받고 겁에 질리고 아픈 아이들은 죽음과 두려움, 슬픔에 대해 직설적으로 얘기하지 않는다. 그보다는 오히려 놀이와 눈물을 통한 은유와 시로 말하는 쪽을 택한다. 그러니 가까이 다가가 열심히 귀 기울일 때만 그들이 사용하는 상징적인 언어의 숨은 뜻을 알아낼 수 있다.

아이들의 말과 행동에 담긴 소중한 의미를 깨닫기 위해서는 어른들이 눈높이를 낮춰야 한다. 그들이 바라보는 세상 속으로 들어가야 한다. 그리고 충분히 인내심을 가진다면, 또한 얼마간의 운이 따라 준다면, 그들의 가장 진심 어린 이야기를 듣게 될 것이다.

어른들이 감히 아이들에게 다가가지 못하는 이유는 그들의 이야기가 깜짝 놀랄 만하다는 사실을 이미 알고 있기 때문이다. 그들의 이야기는 신비로운 상상력과 혼란, 두려움으로 가득하다. 하지만 사랑과 인내로 누군가가 귀 기울여 준다면 아이는 안전하게 자신의 길을 찾을 수 있다. 자신의 이야기를 말하는 과정을 통해 겁에 질린 아이가 마침내 가장 두려운 상황과 친해지고, 자기 경험의 주인이 되는 것이다.

과정이 어떠하든 아이들은 얘기를 거듭해야 할 필요가 있다. 이야기의 반복이 바로 치료의 시작인 까닭이다. 인내심을 가지고 귀 기울이기 위해서는 얼마간의 추임새도 필요하다.

"계속해 봐. 난 끄떡없으니까. 용 같은 건 하나도 무섭지 않거든."

약간 화난 표정과 두려운 듯한 눈빛, 그리고 울먹이는 목소리는 아이들이 비밀을 털어놓게 한다. 듣기가 약간 거북하더라도 세세한 설명까지 요구하면 아이들은 마침내 이야기보따리를 풀 곳을 찾았다고 느낀다. 그 순간 이야기는 상처받은 자아를 투영하는 것에 그치지 않는다. 그보다는 오히려 길고 험한 삶의 여정을 이끌어 주는 이정표로 우뚝 서게 된다.

교향곡을 들을 때 우리는 음악이 점점 강해지는 부분에서도 흔들림 없이 귀 기울인다. 곧이어 이전의 조용하고 편안한 부분이 다시 이어지리라는 것을 알기 때문이다. 아이들의 이야기에 귀 기울이는 까닭도 이와 다르지 않다. 우리는 분명히 알고 있다. 그리고 믿는다. 그 이야기의 주인공이 언젠가는 반드시 치유되리라는 것을.

천사의 편지를 쓰면서

《천사의 편지》는 안타까운 사랑이고, 아름다운 선물이며, 진솔한 작별이다. 나는 뉴욕의 한 소아 암센터에서 정신분석 의사로 15년간 일하며 많은 아이들을 만났다. 그들은 지상에 잠시 머물며 죽음과 작별의 중요성에 대해 가르쳐 주고는 훌쩍 떠났다.

나는 그들의 마음을 다독이는 치료사인 동시에 친구였다. 그들과의 만남은 수많은 이야기를 낳았다. 이를 누군가에게 풀어 놓아야 했지만 너무나 고통스러워 지인들과 나누기도 쉽지 않았다. 그렇다고 낯선 이들에게 기댈 수도 없었다. 무척 개인적인 내용인 까닭이었다. 그래서 나는 떠나간 아이들에게 편지를 쓰기 시작했다. 나의 노력과 슬픔에 고개를 끄덕여 주고 고마워했던 그들이 앞에 앉아 있다고 상상하며 마음속 이야기를 써 내려갔다.

나는 이러한 과정을 통해 많은 것들을 깨달았을 뿐만 아니라 훨씬 강해졌다. 그리고 오랫동안 가슴속에 묻어 두었던 슬픔을 달랠 수 있었다.

한 통의 편지를 완성하기까지는 언제나 긴 시간이 필요했다. 사랑했던 아이들에게 진실하고 의미 있는 작별을 건네기 위해 눈물도 많이 흘렸다. 그리고 비로소 아이들이 죽음을 통해 가르쳐준 삶의 의미를 더욱 깊이 이해하게 되었다.

죽어 가는 아이들과 그들 가족 곁에 머무는 동안 나는 관계의 힘에 눈떴다. 죽음과 마주하면 누구나 무력감과 단절을 느낀다. 따라서 회복이란 다시 일어설 힘을 키워 세상과 연결되는 것을 의미한다.

하지만 이는 결코 쉬운 일이 아니다. 상실의 슬픔을 딛고 일어서면 저마다의 가슴속에 누군가에게 털어놓아야 할 이야기가 하나씩 자리 잡게 마련이다. 그것은 종양 때문에 견뎌야 했던 고통이나 맞서 싸워야 했던 두려움일 수도 있다. 혹은 문득 떠오르는 추억이나 온통 공허할 것 같은 미래에 대한 전혀 반갑지 않은 환상일 수도 있다.

어떤 모습이든 상관없다. 중요한 것은 반드시 이를 누군가에게 털어놓아야 한다는 것이다. 마음 깊숙한 곳에서 꺼내 펼쳐 놓고, 사랑과 용인의 환경 속에서 성숙시켜야 한다는 것이다.

편지는 '이야기를 털어놓기' 위한 조금은 특별한 나만의 방식이었다. 이야기는 치료제로 사용될 때 가장 심오한 치유의 기술이 된다. 누군가 자신의 이야기를 털어놓거나 편지로 쓰는 것은 그저 그렇게 하고 싶어서가 아니라 반드시 그리해야만 하기 때문이다.

우리는 가슴속 이야기를 들어줄 사람을 원한다. 그리고 운 좋게도 사랑과 슬픔으로 가득한 편지를 읽어 줄 훌륭한 독자를 찾았을 때 비로소 치유의 과정이 시작된다.

편지를 쓰는 동안 자신의 이야기가 유일무이하고 특별하다는 사실을 알게 된다. 이야기를 반복해 쓰는 과정은 자신을 바라보는 시각을 다시 정의하도록 도와준다. 슬픔이 그러하듯 말 또한 우리의 가슴속에 오래 간직된다. 영혼에 지워지지 않는 흔적을 남기는 것이다. 그러니 꼭 알맞은 때에 가슴에 간직한 말에 귀 기울이는 방법을 배우면, 시간이 지나도 절대 변하지 않을 든든한 길동무 하나를 얻게 된다.

마음속 이야기를 편지로 쓰고 말로 풀어내는 것은 눈앞의 현실을 있는 그대로 받아들이는 데 많은 도움이 된다. 이야기나 편지는 누구에게나 매우 친숙하다. 또한 편지를 쓰거나 이야기를 하는 동안에는 친구들이 선의의 실수로 던지는 부질없는 희망의 말을 듣게 될 일도 없다. 그러니 가장 내밀한 슬픔도 종이 위로는 쉽게 끌어낼 수 있다.

세상을 떠난 사랑했던 가족이나 현명하고 똑똑한 친구, 슬픔을 함께 겪고 있는 사람, 혹은 그저 자신을 상상 속의 독자로 삼고 편지를 쓰는 지극히 개인적이고 원시적인 방법을 사용할 수도 있다. 어떤 방식으로든 이야기를 하는 동안 우리는 텅 빈 종이 위에 끝없는 풍경화를 그리게 된다. 살아가면서 배워야 하는 가장 큰 교훈인 희망을 그리게 되는 것이다.

바로 이러한 삶의 행동들이 죽음의 그림자를 걷어낸다. 상실과 비극에 맞서지 않는다면 우리는 비극들이 다른 어딘가에서 나 아닌 누군가에게 일어났다는 사실에 그저 안도하며 살아갈 것이다. 그러다 문득 아무런 준비도 없이 슬픔으로 스스로를 이끌었음을 깨닫게 될 것이다.

그렇기 때문에 꼭 알맞은 때, 새로운 세상 속에서 살아가는 방식을 발견해야 한다. 희망과 새로운 힘에 대해 말해야 한다. 인생이란 얼마나 깨지기 쉬운 것인지 알기에 전보다 훨씬 더 진지한 마음가짐으로 하루하루를 맞이해야 한다.

세상과 이별하는 모습을 통해 사랑하는 사람들에게 진정으로 살아가는 방법을 가르쳐 줄 수 있다. 삶의 끝자락에서 존엄과 품위를 깨달은 경우에는 더욱 그러하다.

여성은 남성과 다른 방식으로 슬퍼한다. 아이들 또한 전혀 다른 방식으로 슬픔을 이해하고 경험한다. 실제로 슬픔을 표현할 때 아이들은 비밀스럽고 상징적인 언어로 이야기한다. 그러므로 자녀들과 대화가 통하지 않을 경우에는 새로운 방식을 찾아내야 한다.

절친한 옛 친구들이 힘겨운 우리의 여정을 이해 못할 수도 있다. 그럴 경우엔 그들보다는 오히려 비슷한 상황에 처한 낯선 이들과 마음을 나누게 된다.

우리는 이제 의술이 더 이상 육체를 치료할 수 없는 순간이 왔을 때 사랑으로 영혼을 치유할 수 있음을 안다. 적당한 때 다시 자신을 사랑하게 될 것이며, 새로운 사랑을 허락하는 것이 떠나간 사랑의 기적에 대해 경의를 표하는 일임을 안다. 갤웨이 킨넬의 말처럼 "새로운 사랑을 구하는 것이 지나간 사랑에 대한 신의"임을 깨닫는다.

또한 우리는 시간이 흘러 상처가 치유될 것임을 안다. 슬픔에 잠겨 추억을 곱씹으며 몇 년을 허비하는 사이에 사랑하는 사람들과 친구들이 자신들의 인생을 '살아가는 것'을 보았다.

하지만 때가 되면 우리도 새로운 현실을 경험할 것이다. 여러 가지 일들로 다시 바빠지고 살아갈 힘이 생겼다고 말할 것이다. 주변에서 발생하는 세속적이고 지극히 평범한 일들에 다시 관심을 갖는 자신의 모습을 발견하게 될 것이다.

《천사의 편지》를 쓰는 동안 나의 슬픔은 비로소 의미를 찾았다. 죽음이 나에게 남기고 간 질문의 답을 찾기 위해 이 편지들을 써 내려갔다. 그리고 운 좋게도 모든 과정을 따뜻하고 사랑스러운 눈길로 지켜봐 주는 독자들을 만날 수 있었다.

책 속에 담긴 저마다의 인생 이야기들은 나에게 소중한 교훈을 남겼다. 이를 찾아내고 이해하려 애쓰는 동안, 어느새 내 마음속에는 무엇이든 받아들일 수 있는 소중한 공간이 생겼다. 언젠가는 당신 또한 그런 마음 한 자락 품고 살아가게 되기를 나는 소망한다.

노먼 J. 프리드

희망의 등불

1999년에 지구가 멸망한다는 소식을 처음 들었을 때, 나는 꼬마 아이였다. 아마도 그 무렵이었던 것 같다. 나는 그때 처음으로 '죽음'에 대해 곰곰이 생각했다.

먼저 1999년에 내가 몇 살이 되는지 계산해 봤다. 스물 몇 살. 직접 피부에 와 닿지는 않았지만 아무리 고민을 거듭해도 죽기에 너무 젊은 나이인 것만은 분명했다.

나는 억울했다. 결혼도 못 해 보고, 과학자도 못 돼 보고 죽을 수도 있다는 뜻이었으니까. 그래서 나는 서두르기로 했다. 열심히 공부해서 1999년이 되기 전에 훌륭한 과학자가 되기로 결심했다. 결혼은 접어 두고라도 나의 소중한 꿈만은 꼭 이뤄내기로 마음먹은 것이다.

그리고 얼마 뒤에, 다시 한번 '죽음의 공포'가 나를 엄습해 왔다. 정확한 이유는 기억나지 않는데, 아마도 주변의 어른께서 돌아가셨던 것이 아닐까 한다. 그렇게 몇 날 며칠을 끙끙거리다가 내가 내린 결론은 마흔 살이 넘어서 생각하자는 것이었다. 사람은 결국 누구나 다 죽으니까. 그 피할 수 없는 운명을 놓고 괴로워하느라 '삶'을 허비하는 것은 그야말로 쓸데없는 짓이니까. 그러고 나자 마음이 한결 가벼워졌다. 다시 책 읽고, 밥 먹고, 뛰어놀고, 잠자는 일이 행복해졌다.

그때도 마흔이라는 나이에 어떤 특별한 의미가 담겨 있던 것은 아니었다. 그저 내가 아는 먼 미래를 상징할 뿐이었다. 그 나이가 되면 '죽음'이 무엇인지 어렴풋이나마 알게 되지 않을까, 기대를 했던 것도 같다.

아무튼 얼마 뒤면 나는 정말 마흔 살이 된다. 물론 1999년에 지구는 멸망하지 않았다. 덕분에 나는 결혼도 했다. 중간에 여러 번 꿈이 바뀌어 과학자가 되지는 않았으나 좋아하는 일을 하며 행복하게 살고 있다. 하지만 '죽음'이 무엇인지 나는 아직 잘 모른다.

그동안 사랑했던 이들을 여럿 떠나보냈고, 가족과 다름없던 강아지도 묻어 주었다. 그때마다, '죽음'이라는 녀석이 나의 '삶'에 성큼 다가올 때마다, 나는 방황했다. 그리고 힘겹게 일어섰다. 살아가는 동안에 이러한 일들은 분명 거듭될 것이다. 그러니 힘겨울 때마다 꺼내 등불로, 지도로, 길동무로 삼을 수 있는 것 하나씩 품고 살면 얼마나 든든할까.

그런 의미에서 유난히 춥게 느껴지는 올겨울에 《천사의 편지》를 만난 것은 행운이다. 모두들 드물디드문 네 잎 클로버보다는 지천에 피어 있는 세 잎 클로버를, 행운보다는 행복을 찾아 나서라고들 한다. 하지만 살아가면서 이런 호사 한번쯤은 만끽하고 싶다. 평생 마음 든든하게 해 줄 등불을, 지도를, 길동무를 만났으니 기꺼이 품고 살고 싶다.

이 책을 만난 여러분도 내 얘기에 고개를 끄덕여 줄 것이라 믿는다. 《천사의 편지》와 함께 울고 웃는 동안 여러분의 마음속에도 환한 등불 하나씩 생겨났을 것이라 믿는다. 마음속에 등불을 품은 사람들이 많아지면 세상은 얼마나 따뜻해질까. 얼마나 행복해질까.

벌써, 햇살 고운 봄이 기다려진다.

신혜경

《천사의 편지》에 쏟아진 찬사

마셜 P. 듀크 _에모리대학교 심리학과 석좌교수

노먼 프리드는 문학적으로나 심리학적으로 보석과도 같은 책을 만들어 냈다. 그가 사용하는 언어의 아름다움과 감정에 묻어나는 깊이, 그리고 지적인 이해는 놀랍기만 하다. 《천사의 편지》는 사랑하는 이를 떠나보내고 슬픔에 잠긴 사람들에게는 위안이, 그들을 도울 방법을 찾으려 애쓰는 모든 사람에게는 든든한 안내서가 될 것이다.

크리스틴 롱가커_《죽음 앞에서 만나는 새로운 삶》의 저자

《천사의 편지》는 질병과 사투를 벌이며 죽어 가는 아이들의 고통 한가운데서 희망과 생명을 이야기한다. 이 책을 읽는 독자들 또한 그동안 아프게만 느꼈던 자신의 경험 속에서 한줄기 빛을 발견할 것이다. 그 빛을 등불 삼아 우리가 '삶'이라고 부르는 길고 긴 여정을 열린 시각으로 바라볼 수 있을 것이다.

메리 로즈 맥기디 수녀_곤경에 처한 아이들의 안식처인 뉴욕시 〈약속의 집〉 회장

노먼 프리드가 써 내려간 놀랍도록 아름다운 《천사의 편지》는 '가장 달콤한 교훈은 때로 가장 쓰라리고 아픈 경험을 통해 얻어진다'는 말로 시작된다. 그리고 엉킨 실타래처럼 복잡한 삶과 사랑의 치유력에 대한 이야기가 이어진다. 책장을 넘길 때마다 이 책을 열었던 그 말에 절절히 공감하다 보면 문득, 뜨거운 감사의 눈물을 흘리는 자신의 모습과 마주하게 된다.

아서 커즈와일_《랍비 스타인살츠와 함께하는 길》의 저자

《천사의 편지》는 강력하고 심오하며, 용기를 북돋우는 책 이상의 의미를 지닌다. 저자인 노먼 프리드는 흔적을 절대 남기지 않는 뛰어난 정찰병을 닮았다. 함께한 아이들과 그들을 사랑하는 사람들에 대한 그의 기꺼운 마음과 헌신은 놀랍기만 하다. 그는 이들과 손잡고 슬픔과 비탄, 절망으로 가득한 땅을 묵묵히 건넌다. 더없이 훌륭하고 가치 있는 이 책은 인간의 마음을 이끄는 지도며 위대한 스승이 전하는 선물이다.

제랄드 P. 쿠셔_보스턴시몬스대학 심리학과 교수, 미국 심리학회 회장

심리치료사들이 자신의 일에 담긴 깊이와 의미를 이해하기 쉽게 설명하여 대중과 소통하는 경우는 극히 드물다. 하지만 무척 재능 있고 마음 따뜻한 심리학자 노먼 프리드는 삶의 가장 친밀한 순간을 있는 그대로 드러내 보인다. 그것으로 우리에게 깊은 감동을 준다. 그는 자신의 어린 환자들과 그들 가족의 삶에 경의를 표한다. 그리고 우리에게 마음의

시련을 이겨내는 방법을 일러 준다.

유진 J. 디안젤로 보스턴_〈어린이 병원〉 정신의학 부장

《천사의 편지》는 우리 앞에 직면한 죽음을 삶의 일부로 바라보게 한다. 노먼 프리드는 소중한 교훈을 남기고 떠난 아이들에게 가장 사려 깊고 다정한 학생이 되길 자처한다. 그리고 이 책을 읽는 특별한 경험을 하게 된 모든 사람들에게 그 교훈들을 고스란히 전한다.

옮긴이 신혜경

이화여자대학교 졸업, 전문번역가로 활동하고 있다. 역서로는 《사람은 언제쯤 다시 숲으로 돌아갈까》 《이것 또한 지나가리라》 《이 순간 내 곁에 있는 당신을 사랑합니다》 《하쿠나 마타타》 《흐르는 강물에서 건져 올린 인생》 《진짜가 된 헝겊토끼》 《사소한 것에 목숨 걸지 마라2》 《자연이 우리에게 준 1001가지 선물》 《행복한 수고》 《친밀함》 등이 있다.

천사의 편지

지은이 노먼 J. 프리드
옮긴이 신혜경

1판 1쇄 인쇄 2008년 12월 11일
1판 1쇄 발행 2008년 12월 15일

발행인 신이경
발행처 마음의숲
등록 2006년 8월 1일(105-91-03955)
주소 서울시 마포구 동교동 201-41 한울빌딩 3층
전화 (02) 322-3164~5 팩스 (02) 322-3166
홈페이지 www.mind-book.com

기획 권대웅
책임편집 박희영
책임디자인 한소라
편집팀 이지은, 최연아
마케팅 노근수, 김국현

ISBN 978-89-92783-13-2 03840